T0267621

¡YO SOY LA MUJER DEL COMANDANTE!

CARLOS SALINAS MALDONADO

¡YO SOY LA MUJER DEL COMANDANTE!

Rosario Murillo, la eternamente leal

Grijalbo

El papel utilizado para la impresión de este libro ha sido fabricado a partir de madera procedente de bosques y plantaciones gestionadas con los más altos estándares ambientales, garantizando una explotación de los recursos sostenible con el medio ambiente y beneficiosa para las personas.

Penguin
Random House
Grupo Editorial

¡Yo soy la mujer del comandante!
Rosario Murillo, la eternamente leal

Primera edición: marzo, 2023

D. R. © 2023, Carlos Salinas Maldonado

D. R. © 2023, derechos de edición mundiales en lengua castellana:
Penguin Random House Grupo Editorial, S. A. de C. V.
Blvd. Miguel de Cervantes Saavedra núm. 301, 1er piso,
colonia Granada, alcaldía Miguel Hidalgo, C. P. 11520,
Ciudad de México

penguinlibros.com

Penguin Random House Grupo Editorial apoya la protección del *copyright*.
El *copyright* estimula la creatividad, defiende la diversidad en el ámbito de las ideas y el conocimiento, promueve la libre expresión y favorece una cultura viva. Gracias por comprar una edición autorizada de este libro y por respetar las leyes del Derecho de Autor y *copyright*. Al hacerlo está respaldando a los autores y permitiendo que PRHGE continúe publicando libros para todos los lectores.

Queda prohibido bajo las sanciones establecidas por las leyes escanear, reproducir total o parcialmente esta obra por cualquier medio o procedimiento así como la distribución de ejemplares mediante alquiler o préstamo público sin previa autorización. Si necesita fotocopiar o escanear algún fragmento de esta obra diríjase a CemPro (Centro Mexicano de Protección y Fomento de los Derechos de Autor, https://cempro.com.mx).

ISBN: 978-607-381-542-0

Impreso en México – *Printed in Mexico*

A Sofía Montenegro, la Scheherazade nicaragüense

Para las víctimas de la brutal represión
de Daniel Ortega y Rosario Murillo

Para Nicaragua

¡Presente! ¡Presente!
GRITO DE PROTESTA EN LAS
MANIFESTACIONES NICARAGÜENSES
POR LAS VÍCTIMAS DE LA REPRESIÓN

Todo está en su lugar, solo que yo
ya no soy la muchacha de la retratera.
Una mujer que todavía no existe está a punto
de abordar un tren detenido hace tiempo,
lleva espejos y flores
ROSARIO MURILLO

LADY MACBETH:
Aún queda olor a sangre.
Todos los perfumes de
Arabia no darán fragancia
a esta mano mía. ¡Ah, ah, ah!
MACBETH, WILLIAM SHAKESPEARE

Índice

Segunda parte

Última parte

Epílogo

Agradecimientos

Este libro no vería la luz sin la generosidad de María Lourdes Pallais. Fue ella quien me abrió de par en par puertas y ventanas para que esta historia encontrara su destino: ser publicada. Asimismo estoy muy agradecido con Ariel Rosales, de Penguin Random House, por creer en la historia y animarme a escribirla. Y con María del Carmen Deola, también de Penguin Random House, por la paciencia que me tuvo y sus acertadas observaciones.

Cronología

Rosario Murillo Zambrana,
Managua, Nicaragua, 22 de junio de 1951.

1969. Se integra al Frente Sandinista de Liberación Nacional (FSLN), la guerrilla que derrocaría más tarde a la dictadura de los Somoza, quienes gobernaron durante más de cuarenta años en Nicaragua.

1972. Pierde a su primer hijo en el terremoto que destruyó Managua.

1973. Comienza a escribir poesía como una forma de desahogo debido a la pérdida de su hijo.

1974. Se integra al Grupo Gradas, una asociación de poetas, escritores, músicos e intelectuales que leían textos de protesta contra la dictadura en las escalinatas de las iglesias.

1976. Es apresada por sus vínculos con Gradas, en Estelí, una ciudad del norte de Nicaragua.

1977. Marcha al exilio. Primero a Venezuela y luego se establece en Costa Rica.

1978. Se encuentra en el exilio con Daniel Ortega y comienzan su relación.

1979. Triunfa la Revolución sandinista. Ortega integra la Junta de Gobierno. Se trasladan de Costa Rica a Managua.

1983. Se conforma la guerrilla de la Contra, el movimiento financiado por Estados Unidos que pretendía derrocar al movimiento sandinista.

1982-1989. Es nombrada secretaria general de la Asociación Sandinista de Trabajadores de la Cultura (ASTC), un sindicato que hacía fuerte contrapeso al Ministerio de Cultura que dirigía el poeta Ernesto Cardenal.

1990. Derrota electoral del Frente Sandinista. Violeta Barrios, viuda de Chamorro, llega a la presidencia.

1998. Zoilamérica Ortega Murillo (entonces se llamaba Zoilamérica Narváez) hace pública la denuncia por violación sistemática de Daniel Ortega. Rosario Murillo se pone a favor de Ortega y declara loca a su hija.

2005. Ortega y Murillo se casan por la Iglesia.

2007. Regreso al poder de Daniel Ortega. Rosario Murillo se había convertido en su jefa de campaña, cambió la imagen del comandante por la de hombre vestido de blanco y de discurso religioso y se volvió una suerte de primera ministra con amplios poderes.

2012. Reelección de Ortega.

2016. Ortega es reelecto. Declara que Rosario Murillo es la "eternamente leal", aunque no la nombra como su vicepresidenta, lo que ella esperaba.

Abril de 2018. Estallan manifestaciones que exigen el fin del régimen. El gobierno responde con una brutal represión.

2021. Tercera reelección de Ortega. Murillo es ya su vicepresidenta.

A manera de introducción

Una llamada telefónica me trastocó la vida.

Era la noche del 26 de diciembre de 2018. Una noche extrañamente fresca en la sofocante Managua. Estaba en el jardín de mi casa y seguía la delicada situación política que vivía Nicaragua. El teléfono sonó. La llamada me alertaba de que debía salir de mi casa: la policía, controlada por el presidente Daniel Ortega, podría entrar esa noche para apresarme. Ya había sucedido con otros periodistas que fueron detenidos por informar sobre la crisis.

Nicaragua sufría meses desgarradores. En abril, habían explotado una serie de manifestaciones contra una reforma a la Seguridad Social impuesta sin consensos por el régimen, lo que enfureció a los jubilados. La respuesta violenta del gobierno a esas primeras expresiones de repudio generó una ola de indignación que en pocas semanas paralizó al país. El régimen, desconcertado, respondió con una brutal represión, que día a día sumaba decenas de muertos, principalmente de jóvenes.

Pronto se conoció que las primeras órdenes vinieron de un personaje que atraía mi atención desde hacía años: la esposa de Daniel Ortega, primera dama y vicepresidenta, Rosario Murillo. Las crónicas informaban que ella había reunido a sus hombres de confianza y dado la orden: "Vamos con todo". En ese momento se especulaba que Ortega estaba fuera del país, posiblemente en Cuba, tratándose una enfermedad que lo aqueja desde hace mucho y que se ha manejado siempre como un secreto de Estado. Algunas fuentes hablan de lupus, otras, como Dionisio "Nicho" Marenco, el fallecido exalcalde de Managua y otrora inseparable asesor de Ortega —hasta que Murillo lo desbancó, como hizo con todos los cercanos al presidente—, me aseguraron que padece serios problemas cardiacos. Marenco me contó una anécdota: una vez, cuando él y Ortega estaban de viaje, el comandante se desvaneció. Estaban en el cuarto de un hotel, planificaban la agenda del día y de un momento a otro a Ortega comenzó a faltarle el aire. Él corrió a auxiliarlo. Le desabotonó la camisa y pidió un médico. Le salvaron la vida y el suceso quedó en secreto. Ortega era el eterno candidato del Frente Sandinista, entonces en la oposición, y no podía hacerse público que el fuerte comandante tenía un padecimiento cardiaco. Que estaba enfermo.

En abril de 2018, tanto los telediarios como las portadas de los periódicos presentaban todos los días imágenes de las protestas y de la dura represión. Un día estaba junto a un grupo de periodistas siguiendo en vivo por televisión las manifestaciones cuando en la pantalla apareció una imagen que nos deslumbró y desconcertó: un grupo de jóvenes derribaba con mucho esfuerzo un árbol de la vida. Símbolos del poder del régimen, el gobierno sembró estas estructuras metálicas, de colores chillones, por toda la ciudad. Son una adaptación del célebre árbol dibujado por el pintor austriaco Gustav Klimt en 1909. Murillo los inauguró el 19 de julio de 2013, fecha en que se conmemora la celebración de la Revolución popular sandinista.

Cada árbol cuenta con centenares de lucecitas que titilan durante las noches. El costo individual de estas estructuras, según investigaciones de la prensa nicaragüense, asciende a veinte mil dólares.

En Managua se calcula que fueron plantados por lo menos 150 árboles, en un obsceno despilfarro del patrimonio de un país empobrecido. Para Murillo, una especie de sacerdotisa que mezcla lo místico con lo religioso pentecostal, estas estructuras son una suerte de talismán. "Rosario Murillo tiene un miedo del tamaño de su poder, y quiere conjurar la posible pérdida de ese poder con un talismán. Son un emblema de protección para conjurar los males que pueden acechar al poder", me explicó la exguerrillera sandinista e historiadora Dora María Téllez, apresada por el régimen.

Aquella tarde, al ver caer el primer árbol, pensamos que estábamos frente al principio del fin de la dictadura. Nos equivocamos. Mientras las protestas aumentaban, el gobierno recrudecía su represión. Se usaron, según los reportes de prensa e informes de organismos internacionales de derechos humanos, francotiradores y grupos parapoliciales a los que se les proveyó de armamento de guerra. Sitiaron Managua e irrumpieron con brutalidad en las ciudades rebeldes, dejando a su paso una estela de terror y muerte. Las cifras de los organismos internacionales hablan de una masacre de al menos trescientas cincuenta y cinco personas, la mayoría hombres jóvenes. Muchos de ellos asesinados por disparos en la cabeza, cuello o pecho.

Mientras el país se hundía en la penumbra del dolor, el horror y la impunidad, yo ponía cada vez más interés en ella, Murillo, esta mujer que en los años sesenta y setenta, cuando era una joven poeta, participaba en protestas contra la dictadura de Somoza. Ella, quien tras el triunfo de la Revolución sandinista en 1979, se convirtió en la poderosa ministra de facto de Cultura y más tarde salvaría del hundimiento a Ortega, cuando su hija, Zoilamérica Ortega Murillo, lo acusó formalmente por violación.

El personaje me fascinaba: me parecía que no había en América Latina una figura tan interesante como ella. La seguía en sus alocuciones diarias. Tensa, descompuesta, áspera, Murillo aparecía en las cadenas de las televisiones que en Nicaragua controlan sus hijos, para despotricar contra los manifestantes: "¡Minúsculos!", les gritaba, entre otros adjetivos como vandálicos, plagas, delincuentes, vampiros, terroristas, golpistas y diabólicos. "¡No pasarán! Los diabólicos no podrán nunca gobernar

23

Nicaragua", afirmaba. Irritada por lo que veía como una afrenta, Rosario Murillo mostró que no estaría dispuesta a que le arrebataran el poder que había anhelado durante décadas, por el que se había enfrentado a figuras clave del sandinismo, a las que apartó; había perseguido a los intelectuales y declarado loca a su hija cuando acusó a Ortega de violación para salvar la figura de un exguerrillero en horas bajas, hasta lograr convertirse en la mano derecha del comandante. Ortega inscribió a la "eternamente leal" como su candidata a la vicepresidencia en el 2016.

Esa metamorfosis de la mujer que de joven escribía poemas melancólicos se convirtió pronto en uno de los principales temas de mi cobertura periodística. Tengo que aclarar que nunca he podido entrevistar a Murillo. En varias ocasiones le pedí entrevistas y sus respuestas, por correo electrónico, eran iguales: "Seguimos en contacto, compañero Carlos". O, a veces, me llamaba "hermano". Acumulo en mi bandeja de entrada de Gmail centenares de sus correos, porque Murillo es incansable. Recibo de ella todos los días notas de prensa, felicitaciones a gobiernos extranjeros, reclamos también a esos gobiernos cuando hacen críticas al régimen, pero sobre todo las transcripciones de sus discursos diarios, que intento leer siempre que tengo tiempo. Es una verborrea difícil de digerir, en la que Murillo invoca a Dios y a la Virgen, a todos los santos, a los mártires de la revolución, habla de amor, de paz, de fraternidad. Cita a Rubén Darío, las canciones revolucionarias del cantautor Carlos Mejía Godoy (también exiliado) y habla de las proezas del gobierno que ella administra bajo la batuta del presidente Ortega. Y mientras derrama su lírica complicada como Madre de la Nación, también despotrica contra los críticos del régimen.

Mi cobertura durante aquellos meses aciagos no gustó al régimen. Conducía un programa de entrevistas en la televisión en el que todos los días aparecían las madres de los jóvenes asesinados exigiendo justicia. Editaba la revista *Confidencial*, en la que publicábamos reportajes de investigación sobre la represión (la redacción fue más tarde confiscada) y escribía crónicas diarias que aparecían en *El País*, el periódico español para el que trabajo desde hace más de una década.

Pronto comencé a sufrir el hostigamiento del régimen: desde campañas de desprestigio en redes sociales, amenazas, hasta una paliza que me dieron huestes de Ortega mientras cubría un evento oficial. Más tarde se asentaron parapolicías en la entrada del condominio en el que vivía y me seguían agentes armados en motos cuando salía de casa hacia el estudio de televisión. Las amenazas fueron subiendo de tono, hasta la llamada que recibí la noche del 26 de diciembre, mientras tomaba un vino en mi jardín y seguía las noticias. Esa noche salí de casa con una mochila en la que cargaba mi computadora, unos vaqueros y mis apuntes periodísticos. Días después aterricé en México, donde mientras escribo esta introducción he cumplido cuatro años de exilio. He seguido día a día el deterioro de la situación de Nicaragua (el exilio de periodistas y escritores, la censura a la prensa, la detención de críticos), pero sobre todo a ella, Rosario Murillo, la mujer del comandante. El relato que sigue está basado en decenas de documentos, las alocuciones de Murillo, el minucioso relato de su hija, Zoilamérica, cuando denunció a Ortega por violación. De ese relato he rescatado escenas brutales, citas textuales, contexto. Es un documento valioso, que no solo desvela la podredumbre de un hombre enfermo, sino también el carácter de una mujer, Murillo, ambiciosa hasta el extremo de entregar a su hija por el poder. Asimismo he utilizado las memorias de protagonistas de la Revolución sandinista, como el poeta Ernesto Cardenal —constantemente perseguido por Murillo—, o el escritor Sergio Ramírez, quien fue vicepresidente de Nicaragua en tiempos de la revolución. El texto recoge muchas horas mías de entrevistas con gente que ha sido cercana a Murillo y la conocen. Esas valiosas conversaciones me sirvieron para narrar su lado místico, mágico. Recreo su relación con un santero. Aunque muchas partes del libro han sido adaptadas a un relato literario, todo está basado en hechos reales.

Espero que las páginas que siguen arrojen luz sobre este personaje que es para mí, como periodista, la figura más significativa de la Nicaragua actual, incluso más que su esposo. Este libro, además, va dedicado a todas las personas asesinadas en 2018 por el régimen, cuando estalló un grito de libertad en mi país.

Primera parte

I

"Tu mama no te quiere"

La puerta de la habitación se abrió con un ruido apenas perceptible. Ella estaba tumbada en la cama, repasando las aventuras del día en el colegio. Llevaba aún el uniforme escolar, la falda azul de paletones encontrados, un poco más corta de lo permitido, y la camisa blanca, nívea al llegar al colegio, ahora más sucia. La sombra que vio de reojo, acercándose con paso firme, hizo que se incorporara asustada. Él no dijo nada. La tomó con brusquedad de sus brazos frágiles y la obligó a arrodillarse. Temblaba. Cerró los ojos y escuchó el ruido metálico del cinturón militar, luego, el sonido del cierre del pantalón y sintió las manos que con fuerza la tomaban de la nuca, atrayendo su boca hacia el miembro erecto. "Chupá", le ordenó. Ella sintió arcadas, pero sabía que no podía correr, o gritar, ni llamar a su madre. Él ordenaba. Siempre era así. Y todos, incluso ella, obedecían. La arrojó sobre la alfombra verde de la habitación, que tenía cerradas las ventanas a pesar del calor húmedo, tropical, tan asfixiante. Afuera se escuchaban los murmullos de los escoltas, las risas de las empleadas tras sus piropos, el ajetreo de las secretarias en su ir y venir en ese complejo enorme, casa familiar, palacio presidencial, búnker estratégico. La vida seguía su ritmo sin atender lo que pasaba en esa habitación opresiva. Ella tumbada en la alfombra, él bajándose el pantalón verde militar. Ella cerrando los ojos. Él abriéndole las piernas, despojándole las bragas. Luego el dolor. Los movimientos violentos. Sus ojos cerrados, tragándose las ganas de gritar. Los espasmos y él corriéndose sobre la falda azul escolar de paletones encontrados. Lloraba en silencio. Le dolía la cabeza y quería vomitar. Dijo con un murmullo: "Le diré a mi mama".

—Tu mama no te quiere.

★ ★ ★

Sentada frente al espejo, piensa en el poema que quedó en la mesa del vestíbulo y que él ni tocó. Lo escribió la noche anterior; es su forma de expresarle cómo se siente ahora. Su soledad, tristeza, el dolor por lo que ella, Rosario Murillo, ve como desprecio y también la rabia. Pero, sobre todo, miedo. No se atreve a encararlo, teme su reacción. Siempre es así. El hombre fuerte, ocupado en problemas de Estado, el que debe mostrarse invencible. Siempre ajetreado, sin tiempo para hablar, sin tiempo para ella. Y luego está la maldita guerra, esa sangría imparable que ocupa las conversaciones, las decisiones, todo el tiempo la guerra que todo lo envuelve y lo absorbe. Lo absorbe a él, que no la escucha, que casi no la busca. Siente que estos años ochenta son siniestros, hundidos en el fango de una violencia bélica que se mete en esa casa enorme, que la estruja a ella, su vida, que la revienta, como las metralletas que escupen balas revientan los cuerpos de los soldados que defienden esta revolución. "Es culpa de los yanquis", le dice él cuando ella le pide cariñosamente algo de su tiempo. Porque lo necesita. Quiere que todo sea como antes, cuando el poder todavía no lo había atrapado.

Su reflejo viaja a aquellos años setenta, peligrosos pero felices. Tan lejanos le parecen ahora.

La vida era cada día una inyección de adrenalina en la lucha contra la dictadura de los Somoza, esa familia que llevaba décadas oprimiendo al país. Ellos gobernaban Nicaragua desde 1937, cuando Anastasio Somoza García, Tacho, un títere de Estados Unidos, asumió el poder con el beneplácito de Washington. El país había sido un protectorado estadounidense desde 1912 hasta 1934 y la potencia norteamericana mantuvo siempre una gran influencia sobre ese apellido. Tanto así, que en la capital estadounidense se decía aquello de "Puede ser que Somoza sea un hijo de puta, pero es nuestro hijo de puta". Y sin duda lo era. Somoza controlaba la Guardia Nacional, su brazo armado, con la que se encargó de eliminar a todos sus adversarios (entre ellos Sandino, el héroe nacional que luchaba contra la invasión estadounidense) para hacerse con todo el poder y así fundar una dinastía que gobernaría Nicaragua con mando militar hasta julio de 1979. Cuando Tacho fue asesinado en 1956 por un joven poeta, sus hijos tomaron el mando y desataron una brutal cacería, además de imponer de lleno la dinastía. Los desmanes de los Somoza generaron pronto descontento entre jóvenes intelectuales de clase media, que se organizaron y fundaron en 1961 el Frente Sandinista de Liberación Nacional (FSLN), una guerrilla urbana que se convertiría en la pesadilla de la dictadura. Atraídos por los ideales de libertad, miles de jóvenes pronto se unieron a la facción, entre ellos un estudiante de Derecho, de apenas 22 años. Daniel Ortega Saavedra.

Busca en sus recuerdos el rostro del Daniel joven. Eran casi vecinos, aunque ella vivía en una zona más exclusiva, en el barrio San Antonio, dado que su padre era un próspero productor de algodón, y él en el vecino San José Oriental, de clase obrera, en una cuartería donde se apiñaba la familia, que sobrevivía con los trabajos que conseguía el padre. Ella no tenía una relación cercana con Ortega, pero lo conocía porque había hecho amistad con uno de sus hermanos, Camilo, con quien compartía el amor por la poesía, el mismo que más tarde, tras su muerte, se convertiría en un héroe para los sandinistas. De Camilo, después escribiría:

Camilo era limpio
como una playa desnuda,
hermoso, como una sonrisa,

alguien que quiso retener una estrella
y explotó, incontenible, en todas las estrellas,
en todas las floraciones.

Cómo iba a imaginar entonces que años después el destino los uniría; que él, Daniel, se convertiría en el todo para ella, un hombre del que no podría desprenderse. El espejo le proyecta una sonrisa nostálgica al recordar cómo aquel muchacho había caído tan rápido en las garras de la Guardia y pasado gran parte de la lucha revolucionaria entre rejas. Daniel se unió al Frente en 1963, tras escuchar del movimiento en los pasillos de la jesuita Universidad Centroamericana (UCA), polvorín de jóvenes insurrectos. Del activismo político pasó a la acción, y en 1967 participó en el robo de un banco para financiar la lucha clandestina, acto que causó su detención y una condena de siete años de cárcel. Rosario Murillo trabajaba entonces en el diario *La Prensa*, la principal voz de la oposición. En su redacción se enteró de lo que le había ocurrido al hermano de su amigo Camilo. Su sorpresa fue enorme cuando recibió de él un poema escrito desde la cárcel. Entonces se animó a escribirle. "El encierro es el sacrificio que debo pagar por la revolución", le decía. Ella también le escribía largas cartas y poemas que él respondía con cariño, anhelo, complicidad.

¡Qué años aquellos! Murillo hacía su parte por la revolución y se lo contaba. En 1969 se unió al FSLN y más tarde entró con un grupo de artistas al movimiento urbano conocido como Grupo Gradas —del que Camilo Ortega formó parte—, el cual leía versos subversivos en las escalinatas de las iglesias, siempre con el riesgo de que la Guardia la atrapara junto a sus compañeros escritores, poetas, músicos. La dictadura andaba paranoica, cazando todo lo que considerara una amenaza. "¡Hippies!", les gritaban los militares. "¡Desocupados! ¡Maleantes!". El arte, su arte, al servicio de la insurrección contra la dictadura. Y cuando leía esos versos en público a veces pensaba en él. Sin decírselo, había hecho un pacto de amor desde el primer día que tuvieron contacto, cuando él le envió sus poemas a la redacción. Se prendó de ese hombre solitario, ensimismado, huraño. Pero sabía que en el fondo era también frágil y que necesitaba la calidez de un cariño intenso. Ella se lo daría. Y él se entregó, años después, como Rosario ya había anticipado que ocurriría. Pero ahora estaba ahí, frente al espejo, infeliz. Cómo fue posible que llegara tanta amargura después de las aventuras, riesgos, amor, de una vida apasionada de mujer indómita. Ella, que se enfrentó a la dictadura, que le plantó cara con decisión, como un torero enfrenta a la bestia que lo puede matar de una sola embestida. Ella, que con sus poemas sediciosos terminó un día en la cárcel, aunque por un breve tiempo, y tuvo que marchar al exilio. Y ahí estaba, sumisa. Doblada. Como el papel que quedó sin tocar en la mesa del vestíbulo que guarda el poema que en su desesperación le ha escrito. ¡Qué enojo! Cómo puede despreciarla así. Él sabe que sin ella es nada. ¿Por qué aguantar esto? Mira directamente a los ojos a la mujer que la escruta desde el espejo. ¿Por qué esta cobardía?

> *Cómo te alcanzo ahora si hemos soltado tanta*
> *geografía entre nosotros,⌋*
> *si mis antenas ya no te tocan*
> *y perdimos los idiomas secretos del corazón*
> *y la noche.⌋*
> *Todo está en su lugar, el huracán y la guerra*
> *Bush, la Perestroika, el verano,⌋*
> *la normalidad es este cuarto con las ventanas*

cerradas y yo adentro desmantelada,⌋
el amor caído de la pared.

Esta mañana lo vio alejarse. Guapo. Elegante en su traje verde olivo. Las botas relucientes. Hermoso con su bigote negro que tantas veces ha besado, con la mirada triste que tanto ella anhela, resguardada tras los enormes anteojos de gruesos lentes. Pero él apenas se fijó en ella. Y ni tocó el poema. Ella esperaba que lo cogiera, que lo guardara en la bolsa de la camisa y que se tomara el tiempo para leerlo más tarde, entre sus reuniones interminables de jefe de Estado. Lo único que quería era captar su atención. Todo lo demás la aburría. No, le daba igual. El alboroto de los hijos que deben ir a la escuela, la cansina actividad de las sirvientas por los pasillos, el corre corre importuno de la escolta... Por eso se encerró en esta habitación que ahora arde mientras la tarde penetra en este día que la ahoga como una olla de vapor. Necesita moverse. Entender qué es lo que pasa y qué debe hacer. Se levanta y llama a su asistente. "Que alisten el jeep", ordena. Saldrá, aunque sabe que este calor que quema es el preludio de una tormenta huracanada, de esas que en esta época del año inundan la ciudad, destrozan casas, hacen lento el tráfico y entierran en barro los cadáveres de los jóvenes que se juegan la vida en las selvas por esta revolución. Maldita revolución. Toma el bolso y sale al patio. La escolta la espera. Tendrán que acompañarla, aburridos, en ese recorrido casi diario del búnker al barrio donde la espera su confidente, el único que la entiende y la aconseja. Ya han ordenado que cierren las calles aledañas. Los vecinos, cansados de lo mismo, al final se han resignado a ese baile delirante: calles cerradas, camionetas colmadas de hombres armados, un carro entrando en el misterioso garaje de paredes blancas. En el camino piensa en las preguntas que formulará. Pide que pongan el aire acondicionado a tope, cierra los ojos e intenta centrarse en sus heridas.

* * *

Le duele. El dolor la quiebra. Pero intenta no llorar. Está tirada en la cama, en posición fetal. Piensa en lo que debe hacer o lo que debe decir. Pero siente pánico, porque él la ha amenazado. Desde un inicio le inspiró miedo y desconfianza. Recuerda aquella

40

tarde de 1978, hace ya cuatro años, cuando lo conoció. Fue en el exilio. Ella, su hermano y su madre se habían ido tras el breve encarcelamiento de mamá dos años antes debido a sus actividades políticas. Ese empeño en jugarse la vida con la dictadura, que los había mantenido en la clandestinidad, siempre huyendo, siempre con miedo, obligados a acompañarla, a dejar el país. Tras su liberación, y sin dar explicaciones, salieron de Nicaragua sin rumbo fijo: estuvieron una temporada en Panamá, luego Venezuela y, por último, Costa Rica. Para ella, tan sensible, ese exilio representó un quiebre terrible: dejar atrás a los amigos, el amor, cariño y protección de su abuelo, las tías siempre bulliciosas, dispuestas a llenarla de mimos. Y de repente aquella soledad en un lugar desconocido, con la madre ausente por su compromiso político, con la prohibición de salir, de hablar con alguien, la orden de guardar secretos. Aquella casa clandestina de San José, la capital de Costa Rica, donde entraban y salían personas desconocidas, todos siempre tramando algo, porque desde el exilio aquellos visitantes trabajaban para derrocar la dictadura. "Guerrilleros", "sandinistas", "militantes", "golpes", "acciones",

41

"compañeros", palabras con las que se habían fami-
liarizado a pesar de su corta edad.

Esa situación la convirtió en una niña tímida,
con miedo, enganchada en la soledad y la melan-
colía. Y luego llegó aquella maldita tarde del 78.
No había cumplido los once años cuando él entró
a sus vidas con la fuerza de un terremoto. Desde el
primer día la miró de forma rara, agresiva. ¿Quién
era ese hombre? Comandante, lo llamaban con
admiración. ¿Qué tenía que ver él con su madre?
Luego lo supo: eran pareja. Daniel Ortega había
sido liberado unos años antes y también marchó al
exilio. Y ahora se reencontraba con su madre. Ese
hombre llegó para quedarse y desde aquella tarde
su vida se volvió una pesadilla. El acoso comenzó
en los primeros meses; bromas raras, manoseos a su
cuerpo como si fueran un juego. Él la obligaba a
tocarlo. Se sentía incómoda y siempre temerosa. Por
eso nunca decía nada. Y, como una maldición, le
llegó la menstruación que le arrebataría su último
atisbo de inocencia infantil. Él se enteró. "Vos ya
estás lista", le dijo, anticipando un acoso que se con-
vertía en más violento: la asaltaba en lugares oscuros, la escudriñaba mientras se duchaba, entre risas, le

escondía las bragas. "Vas a probar lo que es bueno", le lanzó un día cuando entró al baño mientras ella se desnudaba. ¿A quién le podría contar todo aquello? Su madre estaba siempre ausente, consumida en sus ocupaciones clandestinas desde el exilio. Se sentía abandonada por ella. Nunca la sintió como un ser cercano ni maternal, siempre ajena a esa niña que necesitaba amor. Por eso resuenan en su cabeza las palabras que él le lanzó esta tarde mientras se ajustaba el cinturón: "Tu mama no te quiere". Lo cierto es que nunca tuvo el valor de contarle lo que él le decía en aquella casa del exilio, llena de gente que entraba y salía y a la vez tan cargada de soledad. Quería gritarle que él, su compañero, le decía cosas raras, la tocaba, la amenazaba. Pero no quería crearle más problemas a ella, que, además, estaba segura, jamás le creería. En una ocasión había dicho que era una niña muy demandante, exigente, caprichosa. Por eso calló. Y calló también cuando lo encontró a él copulando con la empleada. Ahora lo recuerda bien. No supo qué hacer. Estaba aturdida, como ahora. Él le ordenó silencio. Y ella, Zoilamérica Narváez, se convirtió en un objeto, un animal temeroso, sometido. En las noches, cuando su madre dormía, él entraba a su cuarto y se recostaba a su lado, rozaba su pene contra su frágil cuerpo. En silencio para no despertar al hermano. Sentía escalofríos. Y náuseas. Ella cerraba los ojos, no se movía, mientras él se magreaba contra su presa. Se masturbaba y sus quejidos apagados le daban todavía más asco. Su vida se convirtió en una pesadilla. Un largo sueño de horror cuyo momento más trágico se había concretado esta tarde calurosa, sobre esa alfombra que ahora odia. Intenta no llorar al recordar. Se muerde los labios. Cierra los puños y piensa en su madre. Ahoga un grito desesperado en la almohada.

★ ★ ★

—Tenés que cuidarte. El enemigo está en tu propia casa.

Él la escruta con sus ojos rasgados en esa cara redonda que a ella siempre le ha intrigado. Ella cree en él. Es la única persona en la que Rosario Murillo siente que puede confiar de verdad. Desde que se lo recomendaron le gustó su sabiduría, su capacidad de inquirir en su vida, de interpretar los hechos del pasado que la han marcado. Y cuanto

TU MAMA NO TE QUIERE

mayor ha sido su soledad, más se ha unido a este excéntrico hombre, entre curandero, psicólogo y adivino. Mientras el té de tilo se enfría en las tazas de porcelana con paisajes orientales pintados en un azul tenue, ella se aferra a sus consejos. Le hace consultas desesperadas. Por qué Daniel la desprecia de esa manera, en qué momento las cosas cambiaron de forma tan abrupta, hay otras mujeres, ya no la quiere... Y entonces el adivino le lanza ese: "El enemigo está en tu propia casa". Pero ¿cuál enemigo? El hombre se levanta del sillón. Es bajo, delgado, de extremidades frágiles como una escultura de porcelana china. Camina con ademanes rebuscados, como si volara. Viste un kimono azul platinado. Al darle la espalda asoma el dragón dorado que el kimono tiene bordado: un animal de largos bigotes que escupe un fuego de oro. Ella siente que ese fuego la quema. Lo espera sentada en esa terraza techada que se abre a un jardín selvático, exuberante, una vegetación que se mantiene altiva a pesar de la tormenta que la embiste. Comenzó a llover apenas puso los pies en esta casa-santuario, con Budas que saludan desde la entrada, impregnada de sales en las esquinas para ahuyentar lo malo,

olor a incienso, a flores, hierbas, con mesitas llenas de piedras de colores. Los truenos la aturden. Esas
explosiones violentas, ensordecedoras. Y luego el
cielo azul convertido en una masa cargada, negra,
amenazadora. Las primeras gotas, gordas, cayeron
sobre la tierra dejando pequeños orificios ahí donde el césped se ha secado. Luego vino el diluvio.
Siempre ha admirado la capacidad que tiene este
país para limpiarse con estas cascadas que desde el
cielo lo inundan todo. Contempla el diluvio, tiene
ganas de lanzarse al jardín, de desnudarse y bañar-
se entera, de que el agua de las nubes la limpie,
la sane. Le vienen a la cabeza unos de sus versos.

Necesito armar el cielo con mis cantos,
asaltar los recuerdos
y hacerlos lluvia renovando el zacate.

—Tomá.

El hombre-muñeca ha regresado. No se percató
de su presencia de tan absorta que ha estado viendo la
lluvia caer.

—¿Qué es esto? —pregunta mientras contempla
con curiosidad la pequeña caja de madera que las

manos de muñeca le ponen en frente, un cofrecito de tapa roja y flores de loto doradas.

—Abrila.

Ella ve los ojos rasgados. Toma la cajita y la abre. Adentro esconde un anillo con una enorme piedra redonda, color turquesa, envuelto en un pequeño pañuelo de terciopelo rojo.

—Es una gema. Te brindará protección, buena suerte, vitalidad. Disipará las malas energías y todo lo negativo que quieran echarte. Usala siempre.

—Dijiste que el enemigo está en mi casa. ¿Quién es? —pregunta mientras se coloca el anillo en el anular de la mano derecha.

—Lo sabrás en su momento. Ahora esta gema te ayudará a vencer todo lo malo que venga. Sabés que te espera una vida larga y fructuosa. Pero de vos depende, no te traiciones. Tomá las recomendaciones que te dé y debés tener paciencia.

—Necesito saber qué esperar de él.

—Él es tuyo. Llegará el momento de tu venganza. Lo tendrás en tus manos. Te obedecerá.

De regreso al búnker la caravana avanza con cuidado. La ciudad es un inmenso charco. Las calles están llenas de baches, enormes cráteres que hay que esquivar con audacia. Esta ciudad triste, fea, apagada y, sin embargo, es su ciudad. El enorme espacio que la ha visto crecer. Sufrir. Desgarrarse por dentro. También amar. Con el puño de la manga limpia el vaho de la ventanilla del carro y contempla las calles solas bajo el chaparrón: un entramado sin planificación, crecido a su antojo, una culebra zigzagueante capaz de tragarse a cualquiera. Una ciudad mil veces herida. Terremoteada, le dicen. Sí. Cierra los ojos y sus memorias retroceden diez años atrás. Es diciembre de 1972 y recuerda Managua como esa ciudad incipiente pero orgullosa. La que en el siglo XIX era una villa de pescadores, con el tiempo comenzó a crecer, dividiéndose entre una tradición pueblerina y cierto modernismo: los carretones halados por caballos andaban entre edificios altos que albergaban bancos y entre los primeros coches de lujo, grandes centros comerciales con las primeras escaleras eléctricas del país —todo un acontecimiento para los capitalinos—, avenidas populosas como la Roosevelt, con tiendas, restaurantes, heladerías, posicionándose como el paseo preferido de los vecinos de la ciudad. Cerca de esa calle estaba su casa, en el barrio San

Antonio donde creció feliz. Pero luego llegó la pesadilla de aquel diciembre fatídico. La ciudad era
una fiesta. Las calles lucían adornadas con guirnal-
das, luces, nacimientos; instalados en las oficinas,
los árboles navideños acompañaban las fiestas de
fin de año. La urbe se presentaba sonriente a pesar
de la dictadura que llevaba décadas machacando al
país. Esa felicidad, sin embargo, fue aplastada de
forma brutal. Lo recuerda y un escalofrío le estremece el espinazo. Eran las 00:35 del 23 de diciembre. La tierra se sacudió con fuerza, destrozando en
unos segundos la capital. Ella estaba de fiesta, bai-
lando desenfrenada en aquella noche de jolgorio.
Como tantos otros, ignorantes de lo que ocurriría. No se arrepiente ni juzga. Apenas recuerda los
detalles. Todo duró tan pocos segundos. El baile
se detuvo. Los gritos estallaron. Su cuerpo se mo-
vió como si estuviera sobre suelo cenagoso, unos
movimientos diabólicos, terribles, que la dejaban
impotente. Un apagón y todo viniéndose abajo.
Fue como si una bomba atómica estuviera cayendo
sobre la capital. Una lágrima resbala despacio por
su mejilla. Entre los miles de muertos de aquel día
—doce mil según la cifra oficial— estaba su bebé,

tan inocente, esperándola en casa. El menor de sus tres hijos, que murió aplastado por el techo. Abre los ojos y ve la noche por la ventanilla. Acaricia la gema con su mano izquierda y recita para ella, despacio, aquel poema que le dedicó a su hijo muerto, para librarse del dolor que la resquebrajaba.

Yo camino hoy
con el dolor del parto en cada paso,
con el vientre rompiéndose
y los pedazos de madre
volando sobre espacios vacíos.
Yo camino gimiendo,
apretando en mis manos los barrotes,
apretando los dientes,
mordiéndome la lengua.
Voy vestida de barro,
voy cubierta de piedras y de tiempo,
tengo cara de asombros y cabellos de fuego,
llevo el dolor del parto en cada paso,
siento al hijo que brota de la sangre,
siento la piel colgando,
tengo las venas en un solo nudo,
hay un hijo derramado en la noche.

II

El líder que lo merece todo

Se ha quedado dormida en el sofá. El televisor sigue encendido transmitiendo un tenue murmullo. Él entra, despacio, como un depredador a punto de atacar a la presa indefensa. Cierra la puerta con llave. Se acerca a su nuca, echándole su aliento. Ella duerme boca abajo, con las manos entre los muslos, protegiendo su entrepierna, en una posición que ha aprendido con el tiempo debido a esos feroces ataques que se han repetido una y otra vez desde aquella tarde que la violó sobre la alfombra de su cuarto. Él aspira el olor de su cabellera negra, enorme, brillante. Acaricia con los dedos la nuca y baja por la espalda, hasta apretar con fuerza las nalgas. Ella se despierta asustada. Le da la vuelta. Intenta gritar. La somete, le mete mano entre las piernas, la obliga a tocarle el miembro erecto. "¿Verdad que sos mi puta?", le dice al oído. La tira al suelo, la pone boca abajo, intenta penetrarla así, pero ella implora en repetidas negaciones: "No. No. No". "¿Verdad que te gusta que te pegue?", le espeta. Ella sella los ojos. No quiere verlo desnudo, le resulta asqueroso. Los ojos cerrados se vuelven su valla de protección, el muro que la resguarda mentalmente, aunque su cuerpo sea sometido. En esa oscuridad se hunde para soportar sus feroces movimientos. "¿Te gustaría hacerlo con dos penes?", le pregunta antes de lanzar un hondo aullido y desplomarse agotado a su lado.

Queda sola en esa habitación ahora oscura. La misma que debería ser su refugio de niña. El lugar donde descansar en esta casa inmensa. Recuerda aún el día en que se instalaron. Era julio de 1979. Hicieron rápido las maletas y dejaron Costa Rica. Los guerrilleros sandinistas habían triunfado, la dictadura caía. Managua era un carnaval tras la huida del último de los Somoza, Anastasio Somoza Debayle, el Chigüín, y el avance de las columnas guerrilleras. Miles se aglutinaban en la plaza central para celebrar. Todavía se escuchaba una que otra escaramuza en algunos puntos de la capital entre guerrilleros y reductos de la Guardia, pero la ciudad ya estaba bajo control sandinista. Las campanas doblaban. Los carros militares arrancados a la Guardia entraban en la plaza cargados de jóvenes guerrilleros barbudos. La música de protesta, que gritaba loas a la lucha guerrillera, era la banda sonora en las calles. Él tenía que estar ahí, ocupar el lugar que la historia le tenía destinado. Sería integrante de la nueva Junta de Gobierno, escuchó decir. Era uno de los nueve comandantes, los todopoderosos que asumirían el poder en un país destrozado por la dictadura. En la plaza se improvisó un enorme entarimado y los comandantes subieron triunfantes ante el júbilo de la gente que se abrazaba, de los jóvenes que se besaban, de las madres que tocaban el rostro de sus hijos a quienes no habían visto en mucho tiempo y por cuya vida temían. Nacía el hombre nuevo, decían esos gigantes de verde olivo. Entonces era el momento de construir la tierra de leche y miel. Pronto la familia se trasladó a la casa, a la enorme mansión que por derecho revolucionario se les entregaba. Había sido habitada por un oligarca del régimen, amante del arte, los buenos vinos, la música clásica. Huyó con su familia cuando supo que todo estaba perdido para la vieja nomenclatura. Escapó como muchos ricos, los jefes de la Guardia, el mismo dictador. Apenas con unas pertenencias vitales, dejando casi todo sin mirar atrás: obras de arte, joyas, muebles preciosos. Ella, Zoilamérica Narváez, recuerda a su madre abriendo las habitaciones, paseándose como posesa por los salones, probándose los vestidos que quedaron colgados en los armarios, con un éxtasis que no le había visto nunca en la vida. Era un complejo enorme dividido en varias casas, conectadas por pasillos discretos. Por primera vez en su vida se le asignó una habitación propia. Por fin un motivo de alegría. Hasta que pronto descubrió que aquella casa no sería su casa de muñecas, sino su cárcel.

El regreso a Nicaragua fue un acontecimiento feliz. Pudo reunirse con su abuelo, que la adoraba, y sus tías, las hermanas de su madre, que le profesaban un cariño tierno, el que nunca tuvo de su mamá. Aquella casa enorme, con su propio cuarto, era como tener un mundo de juguetes. Por fin viviría en un verdadero ambiente familiar. Su mayor esperanza era que a partir de entonces sí podría estar cerca de su madre, todo cambiaría para bien. Ya no habría más miedo, ni deberían huir de nuevo, se acabarían los misterios, los secretos, el silencio.

Pero el fantasma volvió para truncarle esa nueva vida. Rondaba su cuarto con aquel bigote que a ella le parecía terrible, su mirada fría detrás de esos gruesos anteojos. Y ella se ahogaba en escalofríos, náuseas, temblores. Entonces fue cuando comenzó a inventar que sufría todas las noches pesadillas y que no quería dormir sola. Su madre fue enfática: que se dejara de tonterías, le dijo, que ya estaba grande, que ahora que podía disfrutar de un lugar solo para ella no entendía por qué se comportaba como una estúpida. Y fue así cuando aprendió a dormir boca abajo, con las manos también debajo de su cuerpo, protegiéndose, porque pensaba que así él no le haría daño. "¿Verdad que te gusta?", le dijo la segunda vez que la violó. Un acto que se repetiría muchas veces. Aprovechaba cuando no estaba su madre en casa para regresar acompañado de su escolta y buscarla. La poseía en su habitación, en la biblioteca, en el cuarto de la televisión. Donde a su apetito se le antojara y se lo ordenara. Mientras un país intentaba salir del hoyo donde lo había sumergido la dictadura, Daniel Ortega adecuaba sus horarios de jefe de Estado para encontrarse en la intimidad con ella, su hijastra.

Después comenzó el chantaje emocional. Lo recuerda aquella tarde cuando había regresado del colegio y la encerró en la biblioteca. Mientras se ajustaba el cinturón militar le dijo que eso que hacían era un gran servicio a la revolución. Era su sacrificio por la causa. "Cuando lo hacemos me das estabilidad", le dijo. Ella permanecía en silencio. "Vivo muy ocupado, mis obligaciones me agobian. Solo necesito un alivio de ese infierno y vos sos la indicada para darme eso que necesito". Argumentaba que era un líder que se merecía todo para estar bien y cumplir con lo que la patria le demandaba. "Tu sacrificio aporta mucho y protege a la revolución". Así, sobre sus hombros frágiles, aquel hombre sumaba al dolor un peso moral del que ella no podía librarse.

III

"¡Vos estás enfermo!"

En el barrio le dicen el Japonés y para todos los vecinos son un misterio los motivos que llevaron a este hombre enigmático, extravagante, exótico, a parar aquí. Durante las mañanas pasa largos ratos sin moverse, meditando, en una incómoda postura de loto, con la espalda muy erguida, el vientre tenso, las piernas entrelazadas en una posición imposible. Mantiene cerrados los ojos rasgados por largos periodos y el rostro inexpresivo, como de un muñeco de porcelana que alguien dejó olvidado sobre la grama. Otros días practica yoga y se mueve con ligereza, como si gravitara, al ritmo de un compás que pareciera marcado por el fresco viento matutino. La paz en la que vive en estas primeras horas de la mañana se transforma en un verdadero pandemonio a la mitad del día, cuando el barrio es invadido por la caravana de militares y policías que cierran varias calles. Es cuando ella, Rosario Murillo, llega.

En el barrio los vecinos bromean en voz baja con mil hipótesis sobre brujería. Dicen que tiene atado al comandante gracias a los conjuros que el Japonés le prepara. Lo cierto es que con los años Rosario Murillo se ha convertido en asidua visitante de este reparto capitalino: antes llegaba un par de veces por semana, pero ahora el encuentro se produce todos los días. Y sus visitas han dado fama al Japonés, que tiene como clientela a varias figuras del gobierno revolucionario, esposas de comandantes, oficiales del servicio de inteligencia, ministros. Muchos vienen a su consulta para manejar el estrés, dicen que tiene manos mágicas a la hora de practicar el *shiatsu*, que sus tés y brebajes hacen verdaderos milagros, que sus recomendaciones de vida sana son un cambio para mejor. O simplemente buscan un alivio del horror. La guerra lo permea todo. La gente está desesperada. Todos los días las mismas historias: la escasez, las largas filas para poder lograr obtener gas, leche o carne cuando estos productos llegan a un barrio. La gente no consigue jabón, pasta de dientes, papel higiénico. Los estantes de los pocos supermercados que aún existen están vacíos. Y solo se pueden obtener productos de calidad en las tiendas diplomáticas, pero para ello se necesita un carné que solo tienen los altos funcionarios del gobierno y los comandantes y sus familias. Luego están los apagones que duran largas horas y se pueden dar en el día o de noche. Falta el servicio de agua, hay largas colas para esperar el autobús si es que pasa, porque tampoco hay combustible. Y todos los días por la televisión se ven las imágenes de ataúdes que guardan los cuerpos jóvenes que llegan destrozados de las montañas: muchachos muertos en combate defendiendo la revolución, reclutados a la fuerza en sus barrios, casi desaparecidos, forzados a un servicio militar que los escupe en esas montañas donde mueren. Y al llegar los ataúdes a sus ciudades son presentados como héroes, sus madres reciben medallas y la bandera rojinegra que es el símbolo de pureza revolucionaria. Y en la tele también aparecen esos comandantes de verde olivo, como dioses de un olimpo revolucionario, a quienes se debe idolatrar por ser los grandes protectores de la patria. Ellos hablan de sacrificios, de heroísmo. Sí, es mucha tensión para estos funcionarios que encuentran alivio en el consultorio del Japonés. Pero solo pueden llegar cuando ella ya ha salido, después de la larga consulta con su confesor.

YO SOY LA MUJER DEL COMANDANTE!

—Daniel piensa que soy idiota —dice esta mañana tras sorber su taza de té.

—¿Qué pasó? —pregunta el muñeco de porcelana.

—Sé lo que hace con ella, pero nunca había tenido el valor de enfrentarlo. Ella me buscó, pero no soporto su cercanía. Me dijo que se siente mal, que se ahoga, que se le hace difícil respirar. Me pidió que le diera algo, pero le dije que era un asunto de nervios. ¡Pero claro que sé las causas! No soporté más y por fin enfrenté a Daniel. Discutimos violentamente.

—¿Qué le dijiste?

—No me pude contener. "Yo ya sé lo que está pasando. ¡Sos un enfermo!", le grité. Pero me dijo que me callara. Lo negó todo. Pero yo insistí. Me prometió que no volverá a pasar. Pero tengo que tomar medidas.

—¿Qué vas a hacer?

—La quiero mandar a Cuba. Lejos. No soporto su cara de víctima. Molesta y amarga a todos en la casa, su tristeza contagia a todo el mundo. Ahora le ha dado por pasársela encerrada en la biblioteca, pretende hacernos creer que es una alumna esforzada.

¡Pero es una amargada! Es que está arruinando mi vida, la de todos en esa casa.

—¿Aceptó irse? —el muñeco tiene la mirada fija en ella, como si la penetrara con sus pequeños ojos.

—Le dije que todo es su culpa, que la situación no puede seguir así y que lo mejor es que se vaya a Cuba. Es lo mejor para que Daniel la deje en paz y de paso ella nos deje en paz a nosotros. Creo que a ella sí le gusta Daniel. Y él la protege. Se negó a irse.

—¿Y qué harás? —los ojos rasgados se iluminan con la pregunta. Ella ve dos llamas que la queman.

—No sé —sorbe un poco de té. Ve hacia el jardín, posa la mirada en un colibrí que liba en una de las crestas de gallo del fondo, tan apacible, con tanto placer—. Daniel me humilla. Y estoy harta de que la gente me vea como su querida. ¡Sé lo que todos piensan! No nos ven como un matrimonio. Y él no hace nada por cambiarlo. Soy su acompañante, nada más. Me da miedo enfrentarlo. Recordá el viaje a Cuba. Estaba embarazada, nerviosa. Me puse pálida. Temblaba, sentía que me desvanecía. Pero tenía miedo de acercarme a él, de decirle que estaba mal. No sé cuál sería su reacción si rompía su valioso protocolo de esa forma. Vilma Espín, la mujer de Raúl, acudió a mí, me dijo que le avisaría a Daniel, pero yo me puse más nerviosa. Le rogué que no lo hiciera. Insistió en que no comprendía, que no tenía sentido. Le dije que ya estaba mejor para que no siguiera con eso.

—¿Y él se enteró? —el hombrecillo sirve más té en las tazas.

—¡Como si le importara! Creo que no se entera de lo que pasa conmigo en esas giras de salvador de la revolución. Se olvida de mí al lado de presidentes, de ministros, de militares. Y yo soy tratada como una más de su caravana. En Argelia tuve que discutir con los botones del hotel. Se negaban a poner mis maletas en la suite de Daniel. Hasta los funcionarios argelinos encargados del protocolo se metieron. Me dijeron que mi equipaje no podía estar en esa habitación, porque no sabían que yo soy su mujer. Les insistí. Me alteré. Harta, les tuve que gritar en francés: *"Je suis la femme du commandant!"* para que me hicieran caso.

Llora. Intenta detener las lágrimas, pero son un río que la desborda. Con nerviosismo, se frota las manos, toca los anillos que poco a poco las han ido poblando, amuletos de piedras que, le ha dicho su confesor, tienen poderes para protegerla. El muñequín se levanta y camina hacia el baño de visitas, al lado del jardín. Regresa con una caja de pañuelos desechables.

—Calma —le dice—. Ya sé lo que harás.

IV

El ostracismo materno

Encerrada en la biblioteca, Zoilamérica repasaba la conversación con su madre. No podía creer que le dijera que estaba arruinando su vida y la de sus hermanos. La propuesta de enviarla a Cuba le dolió. Esa oferta de exilio para que él la dejara en paz la había golpeado. Entonces resultaba que ella era el problema y no él, quien la usaba a su antojo. Para ella, su madre, el abuso se daba con su consentimiento. Dijo que no a ese viaje a Cuba por temor, porque era como una expulsión por algo de lo que ella no era culpable. Tenía miedo de enfermarse allá y estar sola, olvidada por todos. Se sentía frágil, desamparada. Esa tarde él entró a la biblioteca. Esta vez no hubo abuso. Sabía cómo estaban las cosas, el ambiente rancio de la casa, y las usaba a su favor. "Tu mama se vengará de por vida de vos", le dijo. "Siempre ha sido rencorosa y se quiere deshacer de vos". Las palabras le hirieron tanto como la violación. ¿Qué debía hacer? ¿Con quién hablar? Mantuvo el silencio. Su vida se limitaba al colegio, a algunas actividades políticas con la Juventud Sandinista, pero se negaba a hacer amigos por temor a él. O de plano él los alejaba. No permitía que estuviera sola, siempre había un grupo de escoltas cuidándola. Se sentía sucia, incapaz de ser querida. El rechazo de su madre llegó hasta el punto de echarla de la casa principal. No supo cómo surgió esa idea, solo que un día llegó de su consulta y la asaltó, le reprochó que solo quería llamar la atención de él, competir con ella. Fue una discusión horrible, llena de acusaciones desalmadas. Y la presionó para que se trasladara a otra casa del complejo, donde vivía el personal de servicio, porque así, dijo, todos evitaban lo que consideraba un conflicto. De esta forma se convirtió en la vecina de su propia familia.

El enorme complejo estaba conformado por varias construcciones que se usaban como viviendas, centros para encuentros oficiales y despachos de gobierno. La casa que ahora ocuparía estaba conectada con la residencia principal por un pasadizo. Si su madre esperaba que el abuso se detuviera estaba equivocada. Él usaba ese pasillo oscuro, sin vigilancia, para cruzar al otro lado. Entonces ella optó por dormir en los cuartos de las criadas, en busca de protección. El ostracismo impuesto por su madre no fue suficiente, como castigo ordenó al servicio que se olvidaran de ella, que no le prepararan comida, que se valiera por su cuenta. Le había quitado todo tipo de comodidades, hasta la ropa. También rompió comunicación con la hija y ordenó que no viera a sus hermanos. Una de las criadas se conmovió y la ayudó: cuando la madre no estaba, tomaba a los hermanos más pequeños y los llevaba a la otra casa para que ella pudiera verlos. Esta mujer también le daba de comer a escondidas. Un día se sorprendió al recibir ropa de su madre, pero no fue una sorpresa agradable: era la misma que usaban las empleadas. Así también intentaba reducirla, la humillaba. Fue entonces cuando él comenzó a enviarle dinero a través de la servidumbre, ordenó que de forma sigilosa se le alimentara y cubrieran sus necesidades. Ella no entendía lo que pasaba en su cabeza. El hombre que la había despojado de su niñez ahora la protegía de su propia madre. Ella era como un pájaro en cautiverio, abandonado, triste. Y la jaula se abría para que él entrara, cuando la madre no estaba, y satisfacerse. Ya toda la servidumbre lo sabía, pero nadie podía decir nada.

En ese tiempo era común que los hijos de los comandantes mostraran compromiso con la revolución, participaran en jornadas de alfabetización en las zonas rurales del país o en trabajos voluntarios en granjas o en las fincas de corte de café, muchas de ellas expropiadas a los viejos hacendados leales al antiguo régimen. Para ella eso podía ser un salvavidas. Entonces viajó a los cafetales al norte del país, lejos de la capital, de esa casa que era su tormento. Allá, entre arbustos de café, pensaba que sería libre. Pero él se inventaba giras oficiales hacia la región para verla. O enviaba a sus escoltas, que la llevaban de nuevo a la capital para que él la usara. Todo a escondidas de la madre. Cuando terminó su trabajo en los cafetales y era el momento de regresar a casa, su cuerpo se estremeció nuevamente, se apoderaron de ellas sudores y temblores. Volvía al infierno cotidiano. Su madre no estaba, ahora casi no pasaba por casa porque su trabajo como líder de un sindicato de cultura ocupaba todo su tiempo. Una tarde, después de ducharse y cambiarse, se encerró en su habitación. Ahora ella intentaba centrarse en la lectura, pero no podía. Estaba ansiosa, daba vueltas en la cama. Sentía una opresión en el pecho, como si una mano invisible la ahorcara. Y la puerta se abrió. Él entró con una cámara de video y una bolsa con objetos raros. Instaló la cámara sobre el escritorio frente a la cama y lo grabó todo. La golpeó. Usó los juguetes sexuales que había traído, la obligó con rudeza a que le diera sexo oral mientras él miraba fijo a la cámara. Una vez satisfecho la forzó a ver el video, mientras hacía que le frotara el pene flácido. "Te gusta", le murmuraba al oído. "Decilo, te gusta".

V

Lucha al interno de la revolución

La Luna está en su apogeo. Un regué suave sale de un enorme altoparlante colocado en una esquina, entre grandes palmeras que se mecen con la suave brisa de la noche. En la barra un hombre delgado, fibroso, de ojos almendrados y piel cobriza prepara tragos con ron, cubano o nicaragüense, los únicos licores permitidos por el embargo. Hermoso, coqueto, sonríe a quien se le acerca a pedirle un nicalibre o una cerveza fría. Pero sus ojos de lince se posan de cuando en cuando en una larga mesa colocada a un lado de la pista de baile, en la que un grupo bullicioso ríe o calla según las órdenes de la anfitriona, Rosario Murillo. Cada vez se citan más en La Luna, este bar que se ha convertido en refugio bohemio de una ciudad constantemente amenazada por la guerra. Los capitalinos viven atentos a esa amenaza. ¿Podrá ser bombardeada la capital? En las escuelas, en las empresas, en las oficinas del Estado se entrena a la gente para evacuaciones, se les pide que abran trincheras, que sepan cómo refugiarse o defender su centro de trabajo o su barrio. "No pasarán, los venceremos, amor, no pasarán", se canta en los mítines de los comandantes, donde miles asisten a dar su apoyo a la revolución. Se teme que los aviones yanquis sobrevuelen Managua escupiendo bombas. Por el momento la guerra está allá, en las selvas del norte del país, pero su ruido de metralla estremece las noches de una ciudad que se siente sitiada, abatida por el terror, en estado de alerta permanente. Y cuando la noche cae, la mayoría se encierra. Pero también hay una Managua que quiere vivir, plantar cara a la guerra, sacudirse ese temor cotidiano. Y La Luna se ha convertido en el lugar ideal para olvidarse por unas horas de la escasez, de las bombas, de los apagones, de una vida obligada a un heroísmo sin sentido. En La Luna se mueven las caderas al ritmo de regué, salsas y cumbias. El cuerpo suda también al son del pop español de la movida madrileña y se entrelaza con boleros mexicanos o baladas sudamericanas. Aquí la cerveza no escasea y el ron corre a raudales. Aquí se permite el exceso que intentan frenar los comandantes de la revolución: besos, cuerpos tocándose, sexo en los baños, amor libre sin importar el género. El de la barra no deja de ver la enorme mesa colocada a un lado de la pista, escoltada por enormes palmeras, aves del paraíso. Intenta afinar su oído para escuchar lo que ahí se conversa a gritos. Quisiera ser él quien atiende esa mesa, porque sabe que esa gente tiene poder en el mundo de la cultura, porque ahí está ella, la mujer del comandante, y él sueña con actuar, con tener algún día la oportunidad de aparecer en uno de esos programas del sistema de televisión pública. O en los festivales de teatro. Sabe que tiene madera de actor.

En esa mesa enorme ella está rodeada por trabajadores del Sindicato de la Cultura, la organización que creó —que él, Daniel, la dejó crear— como contrapeso al Ministerio de Cultura que dirige uno de los personajes para ella más aborrecibles: el poeta Ernesto Cardenal. Lo odia. Siente que nunca le dio el lugar que debe tener entre los escritores y poetas de este país. Desprecian su poesía, la hacen a un lado a ella, que puso su talento al servicio de la lucha contra la dictadura. La ven como una poeta menor, esos imbéciles a quienes los intelectuales latinoamericanos besan los pies, adoran y adulan, piensa. Por eso creó el sindicato, para diezmar ese poder absoluto que se le da al poeta Cardenal. Y aquí está con su comparsa: bailarines, periodistas culturales alineados al régimen, como el cronista Edwin S., actores circenses y saltimbanquis, columnistas oficialistas, poetas, músicos y compositores, administradores de espacios culturales que sobreviven con la miseria que reciben del Estado, pintores con ansias de triunfo como su leal Morales, a quien llaman Muralito porque aspira algún día a pintar en uno de los grandes edificios del Estado, como los artistas plásticos más reconocidos del país y esos internacionalistas que vienen de Europa, de Estados Unidos, de toda Latinoamérica. "Bola de mediocres, parásitos, mantenidos", piensa ella de este grupo que la sigue, su comparsa. Morales la escruta con ojos de beato.

—¿Qué te pasa? —le pregunta.

—Estoy harta —responde tras sorber un trago de nicalibre.

—Te pregunto de nuevo: ¿qué te pasa? —insiste Morales.

—Me pasa el viejo cura ese. ¡Yo debería estar en su lugar!

LUCHA AL INTERNO DE LA REVOLUCIÓN

—Ya sabés lo que dicen los comandantes, que es bastante feo que seás vos la que ocupe ese ministerio siendo la mujer de Daniel. Ya lograste un buen golpe, quitaron a la Daisy Zamora de vice.

—Esa que se cree poeta. No podía estar por encima de mí —mueve los bloques de hielo que enfrían su nicalibre y toma otro trago.

—Se le quiere y respeta mucho allá afuera —le responde Morales.

—¡Pide limones!

Morales llama a la mesera que los atiende y pide los limones. El de la barra los parte en cuatro piezas y los coloca en un vaso de cristal.

—Ayer hablé con Daniel. Le dije que la revista que el viejo produce a costillas del ministerio parece un texto de geografía.

—¿Un libro escolar? —intenta corregirla Morales.

—Daniel se lo repitió tal cual. Al menos en eso me hace caso —ríe.

—Cortázar dijo que era la revista literaria más linda de América.

—Mi *Ventana* es mucho mejor —lo fulmina con la mirada.

—El artículo sobre los muralistas gringos fue muy duro. En realidad, no son malos los murales que esos gringos hacen aquí.

—Vos lo que querés es que el viejo ese te deje pintar tus muralitos —le lanza una sonrisa socarrona mientras toma la mitad de un limón y lo exprime en su bebida.

Morales, dolido, baja la mirada y mueve también los cubos de hielo de su copa.

—¿Y qué vas a hacer? —le pregunta.

—El cura se va de gira a Japón, pero cuando regrese no encontrará su ministerio.

—No entiendo —le dice Morales con los ojos como platos.

—Daniel lo va a convertir en un Instituto de Cultura. Y lo voy a dirigir yo.

—¿Y los comandantes están de acuerdo? —pregunta con asombro.

—Esos no quieren disputas que les joda su unidad en plena guerra.

—¿En serio vas a joder así al poeta?

—Ya lo verás.

—Vos sabrás. Sos vos la mujer del comandante.

El de la barra se acerca sigiloso, con movimientos de gato que quiere cazar a un ratón.

—¿Necesitan algo más? —pregunta.

Ella lo ve fijamente.

—Sí, otra botella de ron —le ordena.

—Quería hablar con usted, doña Rosario —le dice el felino.

—Soy Rosario. Solo Rosario. Decime.

—Quisiera tener la oportunidad de trabajar en la cultura, como todos ustedes —afirma el gato señalando a quienes están en la mesa.

—¿Ah, sí? ¿Cómo te llamás?

—Raúl —responde el felino.

—Mirá, Raúl, traé la otra botella y vení a sentarte con nosotros, aquí donde está Morales. Hablaremos de tus talentos.

El felino se marcha con prisa. Su cuerpo parece danzar al ritmo del merengue que sale del altoparlante. En el camino se topa con la mesera, a quien le guiña el ojo.

★ ★ ★

Lee por segunda vez la carta. Se la entregó esta mañana Daniel, colérico. Es la segunda protesta que
hace el sindicato de escritores en defensa de Cardenal. Al poeta le notificaron en Japón, donde estaba
de gira, que ya no era ministro de Cultura. Lo había invitado el gobierno japonés a participar en una
serie de eventos culturales en Tokio y otras ciudades del país. Era el admirado representante de una
revolución que tantas simpatías despertaba. Había
sido recibido con júbilo, con grandes honores.
Y apenas iniciado el viaje le notificaron su destitu-
ción: tuvo que avisar al gobierno japonés que, sin
embargo, lo siguió tratando como un representante
de Estado. La carta es un ultimátum de los escritores. En ella anuncian una protesta y exigen que se
restituya el ministerio y se la destituya a ella de su
cargo. Apelan a la solidaridad de escritores y artistas
internacionales, varios premios Nobel, aliados de
la revolución. Anuncian que publicarán una carta
abierta a nivel internacional en apoyo a Cardenal.
Cuestionan las decisiones de Murillo, dicen que es
intolerante, autoritaria, corrupta, que pretende ais-
lar a los escritores, a los que ve como enemigos,
aunque la mayoría son cuadros del Frente Sandinista.

"Tiene una gran capacidad de trabajo", afirman, "pero es vertical y visceral". "Intenta deslumbrar a los artistas con los medios a su disposición, que sabemos que los logra por su vinculación al poder, pero se ha dado de cabeza con nosotros, escritores, que hemos apoyado desde siempre y trabajado por la revolución. Intenta someternos haciendo uso de esa cercanía a las cúpulas del gobierno y ha iniciado esta campaña descabellada contra uno de los más grandes exponentes literarios de Nicaragua, el poeta Ernesto Cardenal, para socavar su autoridad —autoridad, además, moral— y quitar funciones al Ministerio de Cultura, uno de los grandes logros de esta revolución". La carta termina con una petición de audiencia con Daniel Ortega por parte de los escritores. La dobla y la deja sobre su escritorio, al lado de la taza de té ya frío. Afuera de su oficina la actividad es febril. El personal del nuevo Instituto de Cultura corre de un lado a otro para montar los preparativos de un festival de música que ella ha organizado. Ha vetado a muchos artistas, es cierto, pero debe demostrar la lealtad del sector con la cúpula del poder. O, mejor dicho, con Daniel, que le permite todo. "Sabe lo que ha hecho y tiene miedo de lo que pueda pasar si hablo", piensa. La puerta se abre. El felino asoma la cara sonriente, en su nuevo papel de empleado del Instituto, alejado ya de la barra de La Luna y el tedio de la preparación de cocteles.

—Pasá —ordena ella.

—¿Qué te pasa a vos? Te miro rara.

Ella le extiende la carta. El felino la lee.

—¡Púchica! Sí que están enturcados.

—El encabronado es Daniel. Me dijo que lo meto en problemas con la comandancia. Que está harto de mis caprichos y de mi comparsa, así los llama a todos ustedes. ¡Mis caprichos!

—Sabe que te somos fieles —dice el gato, zalamero, lanzando destellos de sus ojos almendrados.

—¡Callate, Raúl, que muy bien que les conviene estar de mi lado!

—No he dicho lo contrario —responde el otro, sonriente—. Por cierto, gracias por el Lada —agrega con un guiño malicioso.

—No es tuyo, es asignado y lo sabés.

—Gracias de todos modos. Pero, decime, ¿qué harás con eso de la carta?

—Daniel se reunirá con ellos. Son esas instigadoras, la Gioconda, la Daisy, la Vidaluz.[1] Ellas que aman al viejo y traman todo esto.

—Tus queridas poetisas —el felino sonríe.

—Dejá de decir babosadas —recrimina ella.

—Pero no me has dicho qué harás —le responde él.

—Esperar, Raúl. Esperar.

—¿Solo eso? No es muy de tu estilo.

—Leé mañana *Ventana*. Y ya verás. Pero vámonos hoy de aquí, que necesito despejarme.

El gato se levanta de un salto de la silla, corre a la puerta y la abre, dobla medio cuerpo con una reverencia exagerada. Los ojos almendrados lanzan bríos ansiosos.

★ ★ ★

---

[1] Gioconda Belli, Daisy Zamora y Vidaluz Meneses, tres destacadas escritoras y poetas nicaragüenses.

LA REVOLUCIÓN NO DEBE
TOLERAR REBELIONES BURGUESAS

EDWIN S.
Ventana, 1986

¿O cómo puedes decir a tu hermano:
"Hermano, déjame sacar la paja que está en tu ojo",
no mirando tú la viga que está en el ojo tuyo?

LUCAS 6:42

Managua. Compañeros de la Junta de Gobierno. Hay suficientes y alarmantes razones para pensar que un movimiento antirrevolucionario se gesta en el corazón de nuestra revolución sandinista. Y me da pena decirlo: que ese movimiento se produce en el seno de nuestros escritores, gente que le debe todo a esta empresa tan admirada en el mundo. Los problemas, los asuntos internos, las crisis corresponden únicamente, camaradas, a su gran lucidez resolverlos, de forma interna, sin que haya grietas que sirvan de excusa para debilitar nuestra revolución. Y si en algo se puede contribuir, no es a través de complacientes alharacas, no, sino con el compromiso revolucionario.

82

Ustedes como líderes auténticos no deben, ni pueden, darse el lujo de ser miembros activos de la ignorancia supina que nutre la audiencia de goebbeliáticos cronistas que quieren reventar lo construido por este pueblo valiente. Tengan en cuenta que esas incubadoras de odios y contiendas son especializadas en el asesinato de la reputación de países, clases sociales, liderazgos y personalidades que no se uniforman a su pensamiento cargado de ponzoña. Dicho esto, camaradas, les recuerdo que en Nicaragua se gesta un golpe. La imagen de la revolución está siendo violentada, quieren ensuciar nuestras últimas parcelas resguardadas del Paraíso: islas lacustres y del Caribe; playas, volcanes, montañas, lagos, mares. Quieren que el mundo nos vea como un centro fascista donde se persiguen las ideas y no como lo que somos y por lo que nos conocen: la luz de la Libertad que alumbra la América de Bolívar, de Fidel y de Sandino, nuestro Sandino.

Camaradas comandantes, no se puede esperar menos de ustedes. Saben muy bien, porque la noble Inteligencia del Estado les ha informado, lo que se trama bajo el falso escenario de un descontento de supuestos artistas. Y no se puede esperar menos de ustedes. Difícil hacer Historia si se destierra de nuestro patrimonio el legado de nuestros héroes y mártires, y más cuando se relega su postulado de todas las épocas, para partir de mitologías personales y equivocadas, con el agravante de paradigmas devastados por el tiempo. Se alaba ahora a falsos profetas, Herodes vestidos de boina, romanos puñeteros que lavándose las manos quieren borrar su crimen, que es el de traicionar la revolución. No se podría esperar, repito, menos de ustedes, gallardos depositarios del anhelo del pueblo de preservar su paz, libertad y progreso. No pueden prestar oídos a esas castas que con su rebelión burguesa quieren hundir a Nicaragua en el subdesarrollo. Compañeros camaradas, queridos comandantes: recuerden que Nicaragua está hecha a imagen y semejanza de Nicaragua. Está hecha para la Libertad, dijo Rubén Darío. En Nicaragua hablan esas grandiosas conciencias, de calidad indiscutible, que son nuestros héroes y mártires. Y en nombre de ellos ustedes deben parar esta rebelión llena de ignominia, destronar a ese falso profeta que se quiere alzar como voz única de la revolución y deben hacer prevalecer el orden que garantiza la felicidad del pueblo. En pocas palabras, compañeros comandantes, deben aplastar esta rebelión burguesa apelando a la disciplina militante. Esa que nos debe guiar a todos quienes orgullosamente nos llamamos sandinistas.

★ ★ ★

"Ha sido otra mañana terrible", dice. Daniel estaba de nuevo furioso con ella. Le reclama que lo mete en problemas, que va de escándalo tras escándalo en momentos tan críticos, cuando la revolución se juega su futuro. Se reunió con los escritores —"esa panda de desocupados", les llamó— y tuvo que tragarse sus quejas y sobre todo la ponzoña del viejo, que no paró de echarle en cara que toda la culpa la tenía ella. Le dijo que todos los comandantes lo saben, que todo el gobierno lo tiene claro. ¡Hasta Sergio Ramírez, su vicepresidente! "Se lo dije a Sergio y él me respondió muy claro: son locuras de la Rosario", dijo el viejo. Cardenal no se ahorró ningún detalle: contó el desplante que quisieron hacerle a Cortázar —"¡Por tu culpa!", le gritó Daniel— cuando el escritor argentino había llegado invitado por el ministro del Interior, Tomás Borge, voz potente del Estado. Ella le pidió que ordenara cerrar el Teatro Nacional para los homenajes, porque la invitación había pasado por encima de él, ¡el presidente! Y Borge lo llamó colérico, el enano patético, para espetarle, gritarle, que Cortázar era su

85

invitado y que si tenía algún problema pasara por su oficina. Tuvo que dar marcha atrás. Cardenal también contó la persecución a los talleres de poesía y teatro, orgullo del Ministerio de Cultura, en un país donde los poetas son adorados como dioses. O la cruzada de Rosario Murillo y su comparsa contra la película *Alsino y el cóndor*, del chileno Miguel Littín, que García Márquez había catalogado de muy buena y era la candidata de Nicaragua a competir en los Óscar. Hubo cabildeo intenso en Hollywood de actores cercanos a la revolución, porque ese Óscar era muy importante para Nicaragua, desangrada por la guerra que imponía Reagan, dijo el poeta. También contó la trama montada desde *Ventana*, ese pasquín de quinta que en mala hora autorizó, que involucraba a Eduardo Galeano, Juan Gelman y Claribel Alegría. La revista los invitó a una mesa redonda para hablar de la poesía en la revolución, pero una vez que los escritores dejaron el país, *Ventana* tergiversó sus declaraciones y las apuntó contra los talleres de poesía. "Cuando más tarde Galeano, Claribel y Gelman se dieron cuenta, escribieron a *Ventana* una carta firmada por los tres desde los distintos países donde estaban, declarando que la conversación no había girado sobre los talleres de poesía, y pidiendo que se publicara la rectificación. Rosario Murillo no lo hizo", narró Cardenal. Y continuó: "Sabemos que en realidad la Dirección Nacional no puede hacer nada con respecto a la Rosario Murillo, porque vos, Daniel, sos su esposo y no hacés nada y los ocho restantes tampoco pueden moverse sin romper la unidad. Yo tengo que aguantar estas cosas por la revolución, que es tan bella". Y el poeta calló.

Rosario Murillo está sentada en el amplio sofá verde terciopelo. La brisa de la mañana que entra al salón desde el jardín alivia un poco el calor que ya comienza a caldear la casa. Arriba el sol, una llamarada intensa, lanza despiadado sus rayos y si no fuera por este bosque urbano que es la casa de su confesor ella está segura de que se asarían. Los colibríes aletean con destreza entre las flores, mientras un coro de pájaros lanza sus trinos desde los árboles de mangos y aguacates. Al fondo del amplio patio el jardinero corta el césped. Es un hombre muy delgado pero fibroso que suda a chorros. Hábil con sus enormes tijeras. Rosario Murillo lo ve trabajar. Sigue el trac, trac, trac de las cuchillas. Ella misma siente que esas tijeras la cortan, la desangran, la parten en muchos trozos. Se pregunta si alguna vez fue feliz. Trac, trac, trac. Busca en sus recuerdos. Sí, lo fue. Su padre la amaba. ¡Dios, cómo la adoraba don Teódulo Murillo, ese señor tan conservador y a la vez tan complaciente con ella! Si le pedía la luna, se la bajaba. La envió a estudiar a Europa siendo tan niña, apenas con once años. ¡Allá también fue tan feliz! La secundaria en el Greenway Collegiate de Tiverton, en Devon, Gran Bretaña, y luego los estudios en Le Manoir Institute, en Suiza. ¡Sus estudios de inglés y francés! ¡Sus días en Europa, aquellos cinco años como alumna disciplinada, queriendo siempre agradar a su padre! Recuerda los inviernos, la nieve ardiente en sus manos. Los bosques tan verdes en la primavera, de un dorado intenso en el otoño. Los lagos fríos, cristalinos, espejos que reflejaban los Alpes enormes, ásperos y potentes, tan fuertes y masculinos. Aquellas ciudades pequeñas, con sus casas viejas bien alineadas, escondiendo historias de siglos que ella misma quería desentrañar, contar o, más bien, cantar en mil poemas. Y tenía que regresar a este país. Maldito país fogoso de volcanes activos que lanzan sus gases para perturbarlo todo, pervertirlo, enloquecer a sus habitantes. Ella dejándose llevar por ese calor que le ardía en las entrañas, la sojuzgaba, la lanzaba a mil fantasías apasionadas, arrebato, delirio, frenesí, arranque insufrible. Conoció a aquel chico flaco, desgarbado, y se entregó con avidez. ¡Embarazada tan joven! Obligada a juntarse con tan solo dieciséis años. Su madre hecha una furia, gritándole loca, dejándole ver que era una puta. Esa mujer, su madre, Zoilamérica, mística, llena ella misma de creencias espiritistas, que un día le arrancó a su hija diciéndole que la iba a "envenenar" porque estaba sucia. Su madre. Ambas no se comprendían. Muerta en un accidente trágico en 1972. ¿La liberó? No, condenada a repetir con su hija, esta otra Zoilamérica que nació de aquel arrebato, una relación amarga. Trac, trac, trac. Sí, quisiera que esas tijeras la cortaran en mil pedazos.

—Veo aquí que se acerca una tormenta que lo volcará todo —el confesor levanta la vista de la mesa de centro, donde reposan velas, incienso, piedras de colores, sal y sobre un mantel bordado con hilos de un azul brillante unas cartas enormes, de bordes de oro, en las que él mismo ha estado centrado, perdido en una lectura con la que intenta descifrar la vida. A un lado una pequeña copa con un líquido transparente—. Sí. Se viene algo. Y escuchame bien: es tu oportunidad, Rosario. No será fácil. Sufrirás mucho, pero viene tu momento. No lo dejés escapar. Él se te rendirá.

—¿Qué no me escuchaste? ¡No estamos en nuestro mejor momento! —lo ve a los ojos. El muñeco le regresa la mirada. Para ella esos ojos son dos piezas frías de cristal.

—Escuchame vos a mí —dice el muñeco. Trac, trac, trac. Al fondo las tijeras cortan ahora pequeñas ramas—. Esto es lo que harás. Esta es tu única oportunidad. Las Fuerzas están ahora de tu lado. Vienen fuertes tormentas, pero Ellas te guiarán. No perdás ya el tiempo con batallas inútiles, porque el triunfo de la guerra será tuyo. Tendrás poder. Todo cuanto vos querrás. Nadie nunca más te desobedecerá o dejará de hacer lo que vos ordenés. Te temerán. Una palabra tuya será suficiente para desatar un huracán. Porque veo aquí un futuro. Ya te había dicho que Daniel será tuyo y aquí lo veo claro. Las Fuerzas te lo darán. Escuchame bien, Rosario. Será ella, tu hija, quien lo pondrá en tus manos.

Pausa. Las manos frágiles y blancas como el mármol se llevan la copa a la boca. Los labios finos, apenas una línea dibujada en la cara, dan un pequeño sorbo.

—¿Qué me piden a cambio? —ella no le retira los ojos del rostro.

—A ella. Darás a tu hija. No ahora, ni pronto. Tené paciencia, pero debés estar dispuesta a esta entrega.

—¿Cómo? —quiere saltarle encima, golpearlo para que hable más claro.

—Te ofrecerán un pacto y vos tenés que sentir si estás dispuesta a aceptarlo. ¿Lo estás? —el muñeco levanta la cara de la mesa y la ve de nuevo al rostro.

—No lo sé.

—¿Lo estás?

"Lo estoy", dice ella, mientras se pierde nuevamente en la faena del jardinero. Trac, trac, trac. Le duele la cabeza.

VI

Pacto de amor

Yo soy Rosario Murillo Zambrana. Hija de Teódulo Murillo y Zoilamérica Zambrana. Soy descendiente de Sandino y pariente de Darío. Por mi sangre corren sus mil versos. Soy su princesa triste y su Venus, alma enamorada, reina oriental. Soy mujer fugaz y ardiente. Soy carne y miel, sangre dulce como el ron y como él embriago. Soy cañaveral quemado, arrasado por llamas de amor. Soy la Rosario, la odiada, la envidiada, la querida, tu consorte, la arrimada, a la que vos, mi hombre, se ha rehusado a darle un título oficial. Soy como Cixí, la emperatriz de la China, concubina ambiciosa, pero leal. Como ella, por vos, soy capaz de desatar las torturas más terribles. Soy la bruja, la que te ha arrebatado no solo el aliento sino la razón. Eso dicen de mí, la Rosario. Soy la que un día perdió a su hijo, mi pequeño, en aquel espasmo terrible, trueno hondo de la tierra, descarga que me dejó agrietada, aplastada, llena de llanto, pero que nunca me secó. La prueba de eso es que te he dado siete hijos, ¡siete muestras de mi pasión! Soy la tierra que socavás para que la vida surja. Soy sal y arena y como la arena cuando la toca el mar yo también me humedezco perdida de deseos, laberinto infinito de pasión es mi cuerpo. Oíme bien: ¡soy la Rosario! Ni Somoza pudo conmigo. Salté bardas, corrí por calles estrechas, me escondí en patios desconocidos, viajé en carros clandestinos, hice el amor con los ojos abiertos, con el oído pendiente de la bota de la guardia, trasladé en mi pecho mensajes subversivos y entregué mis versos a la revolución. Estuve presa, salí al exilio, vagué por el mundo. Sumé heridas a mi cuerpo, llevo mil cicatrices en mi corazón. Soy la loca. Me dicen loca. Y sí estoy loca. Hablo con la Perón, me confieso con el espíritu de mi padre, peleo en cuartos oscuros con mi madre, la que me maldijo; veo a Sandino en la silueta de mis hijos. Las estrellas, la luna y las mareas me dictan el futuro. Bebo aguas mágicas y quemo poemas de amor. Escuchame vos, Daniel. Soy fuerte y huracanada, exploto como los volcanes, mi cuerpo tiembla y altera el orden de las cosas. Me dicen altanera, pero soy pizpireta. Joven enamorada de vientre ardiente, mujer adulta y rebelde. Ya no soy aquella mansa que querías esconder. Me he rapado el pelo, me lo he pintado de colores vivos. Llevo la falda corta, minifalda que enseña mis piernas torneadas, bronceadas, largas, que te atrapan. Bailo. Canto. Escribo. Soy la Rosario. La de los pendientes largos y la boca marrón. La que no se calla. La que te declaró amor en la cárcel y juró que serías mío. Porque sos mío. Serás siempre mío, Daniel. Escuchame bien. Este es mi pacto de amor. Entrego lo sagrado, nacido de mis entrañas, para recibirte a vos, estar siempre a tu lado, iluminarte, nunca soltarte, mandar con vos. Soy yo, la Rosario. Tu mujer. ¡Yo soy la mujer del comandante!

El mensaje ardió quemado en la llama de una vela roja.

★ ★ ★

La gira ha sido considerada un éxito. O al menos eso han comentado Murillo y Ortega. Zoilamérica los escuchó conversar en la mañana, antes del desayuno. Aún no entraba a la habitación del hotel la comitiva que los acompañaba: el embajador de Nicaragua en Estados Unidos, el cónsul de Nueva York, el ministro de Exteriores, los secretarios, sus amigos gringos, que lo asesoraban en un país gobernado por un poder hostil a todo lo que fuera sandinista. Su madre, que había llevado a todos los hijos en la gira, los reunió para supervisar su vestido, porque esta gira debía ser perfecta. Es mediados de los ochenta y Nicaragua se desangra. "Un éxito". Eso había dicho. La Asamblea General de la ONU en pleno lo había aplaudido con entusiasmo. "¿Te fijás, Daniel, que tenía razón?", escuchó que le dijo su madre, alegre, esa mañana. No entendía lo que había pasado entre ellos. Su madre jugaba un papel más cercano, lo asesoraba. Le decía que hablara más sosegado, pero con firmeza. Que sí, Estados Unidos es el enemigo de Nicaragua y su revolución, pero que sus ataques fueran más inteligentes, centrados en el daño que la guerra ha hecho a los nicaragüenses. "Vienen las elecciones, Daniel, prudencia", le había recomendado ella.

"Elecciones", repitió Daniel. Él y los otros ocho comandantes habían cedido, dijo. Los acuerdos de paz, las negociaciones del alto al fuego, las reuniones en México, Guatemala, la intervención de ese pájaro odioso de Óscar Arias, el presidente de Costa Rica, los habían arrinconado, sí, pero estaba seguro de que triunfarían. Los nicaragüenses, a pesar de las penurias, amaban la revolución. Era su gran gesta y no la tirarían al caño. Después de todo él era el líder querido. El gallo ennavajado capaz de vencer a todos. Y le habían puesto una contrincante tan básica: una anciana, en muletas, vestida de blanco. Una veintena de partidos minúsculos y ridículos llenos de diferencias habían formado una unidad blandengue, frágil, y cargaban a la anciana como si fuera una virgen en procesión de pueblo. Sus encuentros eran más parecidos a una romería que a un verdadero mitin político en un país donde la revolución había elevado la política a un nivel alto, donde la gente discutía abiertamente de los problemas de la nación y no se dejaría llevar por el discurso desarticulado de una ama de casa. "Mis muchachos", decía ella, tratándoles como a unos niños cuando son hombres dispuestos a convertirse en héroes. Violeta Barrios Chamorro. De acuerdo, el apellido pesa. Otra Chamorro, esposa de Pedro Joaquín, el periodista asesinado por la dictadura. Considerado un héroe, muy querido. Pero ella no es Pedro Joaquín y el apellido Chamorro también ha estado lleno de infamia. Ahí está Emiliano

Chamorro, quien firmó en 1914 el llamado Tratado Bryan-Chamorro, con el que le concedía a Estados Unidos el derecho a perpetuidad para construir un canal interoceánico a través del país centroamericano. ¡Convirtió a Nicaragua en un protectorado gringo! No. Los Chamorro no pueden gobernar el país.

"Pues ponete las pilas", le respondió Rosario. Ella lo había acompañado por el país, de pueblo en pueblo, en esos mítines interminables, metida en el barro de los barrios pobres de Managua, regalando juguetes a los niños, consolando a las madres que perdieron a sus hijos en la guerra. Esa matanza sin sentido que la crispaba. No, que la laceraba. No podía ver a los ojos a esas mujeres destruidas. ¿Cómo consolar a una mujer herida en lo más profundo? El comandante abrazaba, enjugaba lágrimas, daba palabras de aliento, pero no prometía lo que ellas querían: parar la guerra. La maldita guerra. ¿Cuántos jóvenes destripados en la montaña? ¿Diez mil? ¿Veinte mil? ¿Cincuenta mil? El Estado no daba números, el Ejército los callaba. Daniel era hermético. Pero ella no quería saber. Un país sembrado de cadáveres jóvenes, chiquillos apenas salidos de la pubertad, hermosos, con sus sueños despedazados a balazos. No, la revolución había sufrido un costo muy alto para mantenerse. No podía caer. Daniel no podía perder el poder. Por eso ella estaba aquí, a su lado, con sus nueve hijos, los siete juntos, los dos mayores de ella adoptados por el comandante. Para demostrarle al mundo que son una familia feliz, unida, típica familia nicaragüense, de un país digno, donde los hijos crecen en el seno del amor. "Vamos, vamos". Ordenó ella. "Hay que desayunar y continuar con la agenda".

La agenda. Zoilamérica la odiaba. Un infierno más sumado a su suplicio. A sus veintitrés años se había unido al equipo del Ministerio del Exterior. Sí, trabajaba, pero no era independiente. Estaba siempre rodeada de guardaespaldas, seguida, espiada, custodiada. Siempre a las órdenes de él. Siempre a su disposición. Como la madre había relajado su trabajo con la cultura, pasaba más tiempo en casa. Entonces él había ordenado habilitar una oficina en la Casa de Gobierno. Y la mandaba traer siempre con el mensaje de que era una urgencia. Había ocurrido unos días antes de venir a este viaje miserable. "En este momento tengo tiempo y te necesito". Fue el mensaje que le pasaron los guardaespaldas. La tarde poco a poco cedía su lugar a la noche. La caravana avanzaba por Managua y por la ventanilla ella veía los rayos dorados fugarse en el horizonte. Quería ser uno de esos rayos, pensaba. Al entrar a la habitación él estaba a oscuras. Dejó la puerta entreabierta para que sus agentes cercanos y de más confianza lo vieran. Ellos eran leales y cómplices. Él ya le había ordenado que tuviera sexo con ellos, mientras él la veía. Había alguien más en la habitación. Ella se percató después, porque todo seguía a oscuras. No vio su rostro. Sintió su respiración detrás de su nuca, manos fuertes que la tomaban por la cintura. Besos en el cuello. La falda que caía al suelo. "Besalo", le ordenó Daniel. Ella cerró los ojos. Apretó los labios mientras el hombre la besaba. No sabía por qué, pero siguió las instrucciones que le ordenaba Daniel Ortega. Él daba las indicaciones desde una silla, le indicaba cómo proceder. Ella sabía que tenía la bragueta abajo, que se masturbaba. En un momento se desesperó ante su lentitud, su torpeza. Apresuró las cosas. Se levantó y bruscamente le quitó la blusa, el sostén, las bragas. Le exigió beber ron, directamente de una botella.

"Para que te aventés", le dijo. Y ordenó a gritos al hombre que la penetrara. Él dirigía, le decía qué debía hacerle. Se sentía vacía, con miedo y vergüenza. Luego él se les unió. La golpeaba. Y mientras más fuertes eran los golpes se excitaba más. Le dolía. Ambos terminaron en su cuerpo.

Desesperada por unas prácticas cada vez más violentas, ella buscó ayuda. Habló con una persona cercana a él, para que lo persuadiera. "Soportá esta cruz", le dijo. "Debés cargarla con resignación. Te corresponde a vos velar por la imagen y la estabilidad del estadista. Si contás esto dañarás su imagen de líder y afectarás gravemente la revolución". Y ahora a su madre le importaban las apariencias. Sabía muy bien lo que ocurría fuera de aquella maldita casa. Sabía lo que pasaba durante ese viaje al que la había obligado a ir. Cuando su madre estaba fuera del hotel, él la buscaba y obligaba a sostener relaciones sexuales en los armarios de las habitaciones. Colocaba una silla dentro, porque le daba pánico que hubiera cámaras espías en ese país enemigo de la revolución. Para ella era difícil aparecer en público junto a él, su madre, hermanos. Sonreír, mostrarse como una joven feliz. Las apariencias. ¡Hipocresía! Su madre ni le hablaba. Mantenía una actitud indiferente e hiriente. La humillaba. La hacía usar los vestidos que ella ya había desechado, mientras sus hermanos usaban ropas nuevas. Daniel la usaba como basura, su madre la trataba como un desecho.

VII

La derrota del gallo ennavajado

Nicaragua era un país destrozado por la guerra. Las suaves selvas del norte pasaron a ser el escenario de batallas sangrientas, en las que los jóvenes reclutados en las ciudades para el servicio militar obligatorio morían al lado de los integrantes de la Contra, la guerrilla que pretendía derrocar al gobierno revolucionario, entrenada en Honduras con financiamiento de Estados Unidos bajo el amparo de la Administración de Ronald Reagan, en la obsesión de Washington de evitar la expansión del comunismo en el continente. Y en medio de este conflicto estaba la población civil. Los relatos de abusos cometidos por ambos bandos son grotescos y han quedado grabados con sangre en la memoria de quienes sobrevivieron, una marca terrible que crea rencores que mucho tiempo después siguen vivos y pasan de una generación, la que los sufrió, a una nueva que no vivió aquel conflicto, pero que carga una rabia que impide una verdadera reconciliación en la Nicaragua herida. Relatos como el de la familia Martínez.[2] Ocurrió una noche de mediados de los ochenta, cuando la guerra estaba en su etapa más dura. Un escuadrón del Ejército sandinista llegó hasta su finca localizada en una zona rural de Chontales, región del norte del país, ganadera y productora de alimentos. Las vacas daban abundante leche, que la familia usaba para preparar queso; criaban cerdos rechonchos y un gallinero abastecía de abundantes huevos. Se producía yuca y maíz para alimentar a los animales, para el consumo de la familia y también para la venta. Las tierras eran ricas en árboles frutales de mangos, papayas, naranjas… pero vivían angustiados por la guerra. Todos los días llegaban hasta su finca relatos de pueblos saqueados, de matanzas, de familias enteras obligadas a dejar sus pertenencias y huir a las ciudades o salir del país. Los Martínez eran conocidos por ser férreos antisandinistas. La mayoría de los miembros del clan habían simpatizado con el somocismo

---

[2] El nombre de las víctimas es ficticio. El relato ha sido narrado por un familiar.

e integraron el ya extinto Partido Liberal de Somoza. Al estar cerca de la zona de guerra, los Martínez estaban hartos de la llegada de militares que les exigían alimentos para la soldadesca. Lo consideraban un impuesto de guerra injusto. Entonces decidieron no entregar nada más. Corrían rumores de que el clan apoyaba a la Contra. Aquella noche era muy oscura. La finca no contaba con luz eléctrica; en el área rural en donde se encontraba, este servicio no había llegado aún y, en el resto del país, debido a la guerra, escaseaba. Los Martínez se alumbraban con lámparas de gas o candelas, pero a esa hora estaban encerrados en las habitaciones, descansando tras la larga jornada que comenzaba cada día a las cinco de la mañana con el ordeño de las vacas. Los soldados rompieron las frágiles puertas de madera de la casa, entraron gritando y tirando todo lo que encontraron a su paso. En el hogar permanecían solo el señor Martínez y su esposa, porque el resto de la familia residía en la ciudad más cercana, donde los niños iban a la escuela. Los militares obligaron a la pareja a salir de la casa. A ella la violaron frente a su esposo. Los acusaron de colaborar con la Contra. Los golpearon con brutalidad y luego los mataron.

La finca fue arrasada. Tras el incidente, muchos integrantes del clan huyeron de Nicaragua. Quienes se quedaron sufren aún con amargura lo ocurrido.

Del otro lado, las historias de abusos eran igual de terribles. La guerrilla de la Contra era dirigida por altos oficiales que pertenecieron a la Guardia Nacional, el temido brazo armado de la dictadura somocista. En Honduras se formaron varias organizaciones que pretendían derrocar al sandinismo, pero una de las más temidas fue conocida como Legión 15 de Septiembre, organizada por altos oficiales del viejo régimen. Estas agrupaciones fueron entrenadas por la CIA con el apoyo del Ejército hondureño.[3] Las organizaciones de derechos humanos han reunido terribles historias de violaciones, que incluyen matanzas, asedios a poblados, extorsiones, crímenes de lesa humanidad, pero algunos de los episodios más oscuros de la Contra, casi sin investigar ni esclarecer, están relacionados con las desapariciones y secuestros. Uno de esos episodios ocurrió en 1985, cuando diecisiete jóvenes que participaban en tra-

---

[3] Revista *Envío*, número 68, febrero, 1987. https://www.envio.org.ni/articulo/511

bajos de alfabetización y formaban parte de la llamada Brigada 50 Aniversario fueron secuestrados y desaparecidos en el norte de Nicaragua. Estos jóvenes habían recibido capacitaciones tanto en Managua como en La Habana y su labor era fortalecer la Cruzada Nacional de Alfabetización, que tantas simpatías había generado en el mundo al sacar a miles de decenas de campesinos nicaragüenses de la oscuridad de la ignorancia. La UNESCO reconoció este esfuerzo del gobierno sandinista, una de las acciones más nobles de la revolución. Los jóvenes partieron entusiasmados, en unos momentos en que este tipo de causas generaban un sentimiento colectivo de pertenencia y de estar construyendo un país diferente, mejor. Fueron designados a lugares alejados, de difícil acceso, donde al somocismo jamás se le ocurrió abrir una escuela. Pero muy pronto no se supo nada de ellos. Su desaparición en manos de la contrarrevolución cayó en el silencio, en un país donde el interés lo despertaban los jóvenes asesinados en combate, los lisiados de guerra, las miles de víctimas del conflicto. Las madres de esos jóvenes no aceptaron el silencio e iniciaron una huelga de hambre en la sede de la Cruz Roja en Managua, lo que atrajo la atención nacional y puso el interés en ese terrible crimen de guerra, las desapariciones. El movimiento iniciado por estas madres pronto se convirtió en un problema para los dirigentes de la revolución, dado que otras mujeres se sumaron a la huelga, ellas también madres de jóvenes desaparecidos. Desesperadas, clamaban por sus hijos frente a la Asamblea Nacional, donde se localizaba el temido Ministerio del Interior; en la sede del gobierno e incluso frente a la Comisión Nacional de Reconciliación que dirigía entonces el cardenal Miguel Obando y Bravo. "Yo soy como el Buen Pastor. Yo tengo otros hijos y los dejo en mi casa a seguro y me voy por el mundo adelante buscando el hijo que me falta y le pido a usted, cardenal, que me ayude a encontrarlo", dijo una de esas mujeres. El Estado jamás informó cuántos muertos dejó la guerra. Y mucho menos ofreció una cifra certera de desaparecidos. Algunas fuentes hablan de hasta cinco mil.[4] La mayoría de las historias quedaron en el olvido.

---

[4]Revista *Envío*, número 138, junio, 1993. https://www.envio.org.ni/articulo/788

En ese ambiente de dolor, Daniel Ortega subió al entarimado para cerrar la campaña del Frente Sandinista. A su lado estaba la ya inseparable Rosario Murillo. Era una tarde que auguraba un triunfo demoledor frente a la oposición aglutinada alrededor de Violeta Chamorro. "Ese es Daniel, Daniel Ortega, es el gallo ennavajado que ya tiene preparado el pueblo trabajador", coreaba la masa. "Ese es Daniel, Daniel Ortega, en el que confía la gente pa' que sea presidente de este pueblo luchador". La marca de ella era notoria: Ortega había dejado atrás el verde olivo militar, color de mal augurio, para presentarse con pantalones de mezclilla y camisa floreada desabotonada hasta el pecho y las mangas dobladas. "Cuando el gallo canta, la gallina se espanta y el pueblo se levanta", gritaba alguien. Ella lo seguía con una vista extasiada. Movía las caderas al ritmo de la música tropical que sustituyó los solemnes himnos de guerra y se sentía satisfecha. Eran una pareja joven, fuerte, potente. ¿Quién podría derrotarlos? No cabían aquí las estadísticas que hablaban al menos de seiscientos mil desplazados. Las masacres en las montañas. Los ataúdes de pino cargados de cadáveres jóvenes que llegaban a las ciudades para ser recibidos como héroes. La escasez de todo. Las decenas de miles de nicaragüenses migrados. La inflación galopante, en su momento la más alta del mundo. No. Los dos eran grandes juntos y seguirían gobernando ese país bajo su pacto de amor.

★ ★ ★

TELETIPO URGENTE
Managua, 26 de febrero, 1990

El sandinismo ha sufrido una derrota histórica en las elecciones presidenciales celebradas en Nicaragua. La madrugada de este 26 de febrero, el presidente del Consejo Supremo Electoral, Mariano Fiallos Oyanguren, ha dado a conocer en la sede del Centro de Convenciones Olof Palme, de Managua, los resultados del primer escrutinio de votos, que apuntan a un sorpresivo triunfo de la Unión Nacional Opositora (UNO), la cual encabeza la señora Violeta Barrios de Chamorro. El Frente Sandinista de Liberación Nacional (FSLN), la agrupación del actual presidente Daniel Ortega, pierde de esta manera una votación que era considerada un importante referéndum para la Revolución sandinista, duramente golpeada por casi una década de guerra. Desde la oposición han demostrado prudencia por los resultados, mientras se espera que Ortega ofrezca una rueda de prensa en la que aceptará su derrota, tal y como se había comprometido. Entretanto, miles de simpatizantes sandinistas muestran su incredulidad en las calles de Managua, donde el silencio persiste desde que se conocieron los primeros resultados de la elección. En las afueras de la sede donde el sandinismo esperaba celebrar con bombos la victoria en las urnas, una pregunta flotaba en el aire: "¿Pero y las encuestas? ¿Las encuestas?".

Cuando los resultados concluyeron que se había cumplido la peor de sus pesadillas, Rosario Murillo, ataviada con minifalda, medias negras, blusa plateada y largos aretes, rompió el silencio de funeral que se había apoderado del enorme salón —donde se aglutinaban centenares de periodistas extranjeros con el rostro desencajado, líderes del Frente Sandinista que no entendían lo que ocurría, invitados de todo el mundo (actrices y actores estadounidenses, líderes de la izquierda europea, escritores, poetas, músicos, políticos latinoamericanos…)—, posó el brazo en el hombro de

su compañero y con la voz cortada y el maquillaje co-
rriéndosele por las mejillas debido al llanto, cantó: "No
se me raje, mi compa. No se me raje, mi hermano. No
se me ponga chispón, que la patria necesita su coraje y
su valor". Recordó las palabras del muñeco de porcelana. "No será fácil. Sufrirás mucho, pero viene tu momento. No lo dejés escapar. Él se te rendirá". Tienen
un pacto de amor. Sabe que no es el final.

Segunda parte

I

"Vos me pertenecés"

El mar está crispado. Fuertes ráfagas de viento exhalan su aire frío sobre la superficie marina y las olas nacen de las honduras con un movimiento acompasado, unas ondulaciones rítmicas y diabólicas que toman fuerza con velocidad, hasta convertirse en un potente monstruo de espuma que estalla en la playa vacía. Zoilamérica tiene frío. No han dado las seis de la tarde y el cielo ya es una enorme mancha gris, bóveda oscura y escalofriante, con destellos incandescentes que anuncian la tormenta, una tempestad tropical que en pocas horas hará volar troncos, despachará por los aires los techos de paja de los frágiles puestos donde en verano los bañistas toman cervezas frías; mantendrá en vilo a los pescadores que no podrán salir a la faena en la búsqueda de la pesca diaria que es el sustento de sus familias; inundará casas, despedazará embarcaciones. Sí, lo arrasará todo. ¿Por qué no se la lleva a ella también? Ve desde la terraza ese mar fogoso y el cielo tenebroso. Ha salido para sentir el viento, para respirar. Sostiene en sus manos la taza de café, caliente y humeante, que le sienta bien, la reconforta. Sobre los hombros lleva la manta bordada a mano que le regaló su tía cuando llegó a visitarla a México. La única persona de su familia que estuvo con ella en esos días horribles de la cirugía. Recuerda aún cómo su cuerpo se estremeció cuando el médico le dio el diagnóstico: un tumor crecía en su pierna derecha, invadía su cuerpo, la sometía. Un nuevo horror la atormentaba. ¿Era acaso la reacción de su propio ser a una vida llena de suplicios? Su madre rechazó acompañarla. Tuvo que viajar sin compañía, aguantar las consultas, los exámenes, las citas médicas, sola. Someterse a la operación desamparada, huérfana, abandonada a su suerte. Era una cirugía delicada. Temía no solo que no fuera exitosa, sino que los resultados negativos forzaran a amputar la pierna o que le dijeran que el cáncer la devoraba toda y que no había nada más que hacer. Su madre nunca le brindó el apoyo que necesitaba. Ni una sola llamada. Luego llegó su tía, que vivía en Europa, alejada de la locura de Nicaragua, para consolarla. Regresó de México convaleciente, adolorida, en silla de ruedas. Y de nuevo la humillación: abandonada en la casa de las sirvientas, esas trabajadoras domésticas leales que le dieron el cariño y los cuidados que necesitaba. Recuerda todavía la furia de su madre al enterarse. Entró una medianoche escandalizada, rabiosa, muy nerviosa. Sus gritos llenaban las habitaciones, como una ráfaga de vientos calientes que expanden un incendio. Tiraba todo. Insultaba a las empleadas. Y entre befas espeluznantes la echó de la casa, a esa hora, convaleciente, apoyada en muletas. "¡Puta! ¡Andate! ¡Fuera de esta casa!". Llovía. El agua que la empapaba de alguna manera también la liberaba. Sabía que no volvería nunca más a esa casa, ese complejo lleno de terrores para ella.

Las gotas gordas empiezan a caer sobre la arena. Deja la terraza y entra al salón para asegurar puertas y ventanas. Escuchó esta mañana el reporte en la radio que anunciaba que la tormenta entrará con violencia, convirtiéndose en potente huracán mientras atraviesa el país. Las autoridades han pedido a la población que habita en zonas vulnerables que acuda a los albergues construidos con apoyo

del ejército y la supervisión de la Cruz Roja. El gobierno ha formado un Comité de Emergencia que
organiza las medidas a tomar si hay una catástrofe.
En Managua se han colocado largas filas de sacos
de tierra cerca de las casas que dan al lago, ese mar
interno siempre tan tranquilo, pero que se despierta como monstruo marino en el momento menos
esperado para inundarlo todo. Asegura las ventanas
de madera de la cocina y piensa que este país está
hecho para el sufrimiento. Un martirio eterno que
llega siempre en forma de terremoto, amenazas de
tsunamis, guerras, dictaduras y tormentas pavoro-
sas como la que comienza a caer ahora. Se pregunta si fue buena idea quedarse sola. "No te quedés
allí, Zoilamérica, es peligroso", le dijo Alejandro
cuando la llamó al mediodía. Él, tan leal, compren-
sible, paciente. Supo todo lo ocurrido con Ortega
y aun así quiso casarse con ella. A Ortega la boda lo
puso furioso, despreciaba a Alejandro, pero la aceptó. Aún recuerda sus palabras asquerosas: "Si vos te
querés casar con ese huevón está bien, vos sabrás.
Igual es lo mejor, así podés satisfacer tus necesidades
de vida pública, de mostrarte como una mujer nor-
mal, con marido, ante la gente. Puede que tener

pareja te venga bien, hasta podés tener hijos. Pero oíme bien: vos me pertenecés, que te quede claro, tu vínculo conmigo es indisoluble, divino". Era como si la autorizara a casarse, como si con su venia el matrimonio fuera a funcionar. Se casaron en octubre de 1991 y Alejandro se convirtió en una roca a la que pudo asirse, encontrar refugio, aunque luego sus traumas pasaron factura al matrimonio. Daniel Ortega nunca respetó esa unión. Sí, se sentía a salvo, porque él ya no podía violarla, pero el acoso se mantuvo. La llamaba a la casa matrimonial y le decía cosas vulgares, obscenas. Recuerda una de esas llamadas, él le preguntaba si la noche anterior había tenido relaciones sexuales con su marido, cómo había sido, qué le había hecho. Le exigió que esa noche, si tenían sexo, lo llamara y dejara descolgado el teléfono para escucharlos. O que se acostara con los dos. "Dale licor para que acceda. Yo no me voy a meter, solo los voy a ver. O grábense y luego me mandás los videos". También la llamaba mientras se masturbaba y le recordaba cosas que le había hecho en el pasado. Sentía náuseas al escuchar sus jadeos. Ortega volvió a convertirse en su fantasma. Recibía sus llamadas desde Medio Oriente,

Europa, México, La Habana, allá donde fuera invitado como comandante de una revolución perdida. De nuevo tenía que callar, porque temía que su marido la abandonara. Se sentía en un permanente estado de sitio. Llegaron de nuevo los nervios, las pesadillas, la crisis. Y eso pasó factura al matrimonio. Entonces decidió buscar ayuda.

Y ahora está aquí, bajo esta tormenta tropical. Alejandro, aunque distante, la apoyó desde el principio. Pero necesitaba estar sola, soltar su tortura sola. Contó con la ayuda de amigas que le presentaron a psicólogas, mujeres comprometidas, feministas, que le brindaron soporte. Buscaron esta casa sólida frente al mar, llenaron la cocina de comida, se encargan de que no le falte nada en este retiro liberador. Ha sido difícil. Sin ellas sabe que no podría lograrlo. Los primeros días fueron de pesadilla. Llegó a esta casa hermosa, firme, de concreto, ladrillo y tejas, donde el olor salado del mar se mete por todas las ventanas. Es una casa acogedora, bien cuidada, sin que el cáncer del salitre la haya devorado. Espaciosa, luminosa, protectora, guapa como un palacete andaluz con sus muebles de mimbre y madera, llena de una selva de plantas y flores, alfombras hechas a mano, cortinas floreadas, que aletean cuando entra la brisa marina. Los ventiladores en el techo que hacen soportable el calor al mediodía y la amplia terraza, donde puede contemplar el enorme océano que se abre al infinito. Es más bien un refugio para una familia que busca la alegría veraniega de la playa, despachando botellas de vino blanco bien frío mientras los niños construyen castillos de arena. Pero ahora es su resguardo, el lugar donde firmará su libertad. Ha dormido mal, siempre con un sueño poblado de pesadillas. Tener que recordar todo de nuevo. El espanto de su vida. Las psicólogas la consuelan, le hablan con cariño, la animan a hacerlo. Están con ella durante el día y se van antes del anochecer. Le piden que descanse, que cada día en el que pueda contar su historia es un pequeño triunfo, pero que use las noches para tranquilizarse y dormir. Como si pudiera. Cuando comenzó a escribir las primeras páginas de su relato de horror, lloró. Vomitó varias veces. Y ellas estaban a su lado, con la cubeta siempre lista para que ella descargara su tormento. Sí, vomitaba sin parar. "Dale, querida. Vas bien", la consolaban. Ha decidido construir este testimonio, que representa un gran esfuerzo personal a pesar del dolor. Le pesa cada frase, cada párrafo, cada página, cada episodio, cada imagen, cada recuerdo traído desde lo más hondo de la memoria. "¡Maldito Daniel!". Corre al salón, en penumbras debido a las puertas y ventanas aseguradas por la tormenta. Una corriente fría le estremece el espinazo. Enciende las lámparas de mesa. Se sienta en el escritorio. Y comienza a escribir, un teclear desenfrenado. "Hoy digo con mucha convicción que no puede llamarse amor al acoso de un hombre de 34 años sobre una niña de 11; no puede llamarse amor a la violación consumada en el acto y prácticas sexuales degradantes; no puede llamarse amor al acecho, a la persecución, al aislamiento, al espionaje, a la manipulación ni al chantaje afectivo y político. Eso no puede tener otro nombre que ABUSO DE PODER basado en el sometimiento psicológico que inmoviliza al ser humano".[5] Teclea, teclea. Tlac, tlac, tlac. La tormenta se desata con furia. Escucha cómo caen las tejas de la terraza, cómo las gotas azotan las ventanas, cómo la casa cruje con los truenos. Tlac,

---

[5] Cita textual de la denuncia hecha por Zoilamérica Ortega Murillo.

tlac, tlac. Los dedos vuelan sobre el teclado. El cielo se derrama con saña, un desangrarse maldito que lo destruye todo. No, no vomitará. No, no llorará. Escribe, Zoilamérica, libérate. Tlac, tlac, tlac. Que esta tormenta apague la llama de tu dolor. Este es el camino de tu libertad. No, Daniel Ortega, yo no te pertenezco.

II

"La gente piensa que estoy loca"

—Sí, la gente dice que estoy loca. Todos en este maldito país piensan que estoy loca.

Rosario Murillo sonríe al periodista, que la mira fijamente con esos ojos azules que para ella son dos focos de interrogador que quiere torturarla.

—La verdad es que no me importa que crean que estoy loca. A lo mejor lo estoy, pero he decidido vivir mi vida sin ataduras. He estado por mucho tiempo bajo la sombra de Daniel, sometida a los rigores del gobierno, sumisa, atada, enclaustrada en unos requerimientos asfixiantes dictados por el poder. No, yo ya no soy esa Rosario.

—¿A qué se debe ese cambio personal, señora Murillo? —el periodista baja la vista a la grabadora que ha dejado en la mesa, atento a que la lucecita roja siga parpadeando. Viste una camisa celeste de lino, en cuyas axilas se han formado medialunas húmedas por el calor: suda y apenas son las diez de la mañana. Es alto y rubio, con una barba también rubia, poblada, sensual. Lleva la camisa desabotonada a la altura del pecho, lo que permite ver unos pectorales bien formados. A Rosario Murillo le parece un hombre guapo, aunque detesta su acento gallego.

—Llamame Rosario. Mirá, Ignacio…

—Llámame Nacho —la interrumpe el periodista con una sonrisa.

—Ja, ja, ja. Bien, Nacho. Mirá, Nacho. La pérdida de las elecciones fue un duro golpe para todos en el Frente Sandinista. Nunca nos imaginamos que los nicas nos darían este porrazo. Siempre pensamos que la gente nos admiraba, que amaba la revolución. Pero obviamente nos equivocamos. Todos estaban equivocados, borrachos en su delirio de poder. Yo me di cuenta de que en realidad estábamos secuestrados por un sueño que existía solo en nuestras cabezas y que por ese sueño debíamos hacer sacrificios. Pronto decidí que no podía seguir en el papel de mujer sumisa, siempre dispuesta al protocolo. ¡Acaso para eso hice la revolución! No. Comprendí que el papel de la mujer en la revolución no era de sumisión. Entonces decidí hacer lo mío, dar el ejemplo, porque también a las mujeres nos gusta el poder. Teníamos que sublevarnos. Sí, alocarnos. Y lo hice desde mi ámbito, la cultura.

—Lo que también acarreó muchos dolores de cabeza. Es muy conocida su enemistad con el poeta Cardenal.

—Eso ha quedado en el pasado, Nacho. Tenemos que construir un nuevo Frente Sandinista. Son otros tiempos.

—Habla del papel de la mujer, pero las feministas sandinistas parece que no están de acuerdo con Rosario Murillo. He conversado con varias de ellas acá en Managua y muestran un rechazo hacia ti. Dicen, y cito mis apuntes, que eres prepotente, inestable y peligrosa —el periodista cierra su libreta y la mira fijamente. Rosario Murillo le sonríe.

—Esas personas a las que vos llamás feministas sandinistas en realidad son mujeres retrógradas, fundamentalistas. ¿Sabés lo que dicen de mí? Que pasé los años de la revolución en posición horizontal y con las piernas abiertas. Les molesta que haya formado una familia sana y hermosa con Daniel, con nuestros nueve hijos. Daniel adoptó a mis dos hijos mayores, les dio su apellido y hemos sido felices todos. Ellas representan un falso feminismo. En realidad, Nacho, han deformado el feminismo, han manipulado sus banderas y sus postulados. Es un acto de traición alevoso y cruel. Los verdaderos intereses de estas mujeres son intereses personales, mezquinos y con perversas intenciones políticas.

—¿Qué intenciones? —el periodista acerca la grabadora hacia Rosario Murillo.

—El poder. Les interesa aumentar su control en el Frente Sandinista y diseñar un partido para venderlo a la derecha, porque ellas están vendidas a la derecha, al capital gringo que financia sus organizaciones. Destruyeron las hermosas organizaciones de mujeres formadas por la revolución, se apropiaron de ellas y ahora las manejan como armas políticas en una batalla por el poder.

—Me interesa saber qué es el feminismo para ti —el periodista abre su libreta, dispuesto a tomar notas.

—Es amor. Amor, Nacho. El feminismo, como yo lo entiendo, es incluyente y promueve valores humanos. El falso feminismo toca tambores de guerra contra todos los valores humanos. Es instrumento de penetración y ocupación política y cultural.

Despojado de su misión liberadora, el falso feminismo ha llegado, en Nicaragua, al extremo de marchar a favor de la opresión social, hombro a hombro con las falanges del capital y con los más connotados exponentes de un machismo pendenciero y brutal. Estas mujeres están frustradas, desquiciadas, asfixiadas por el odio, sin paz mental. Pero te diré algo, Nacho, el amor es más fuerte que el odio.

Están en La Luna, el viejo bar de revolucionarios ahora convertido también en centro cultural, donde cada noche se siguen reuniendo actores, poetas, escritores y la vieja guardia cultural de la revolución derrotada. Pero a esta hora de la mañana el local está vacío de clientes. Los meseros limpian y acomodan mesas, disponiéndolo todo para la apertura de la noche. El felino Raúl, leal asesor de Rosario Murillo, sigue con atención la entrevista desde una esquina, sorbiendo una taza de café y pendiente de su reloj, listo para detener la charla cuando pase el tiempo acordado con este insolente periodista.

—Hablas de tu familia, pero tengo entendido que no tienes una buena relación con tu hija, Zoilamérica —el periodista vuelve a enterrar su mirada azul en el rostro de su interlocutora.

Rosario Murillo le clava a su vez una mirada ardiente. Ve hacia la grabadora y quisiera destruirla.

—Zoilamérica es una desagradecida. Daniel y yo le dimos una vida de sueño. La hija llena de privilegios en un país destrozado por la guerra. Hicimos de todo para proteger a nuestros hijos. Es cierto que en algún momento pudimos fallar, estar ausentes, pero es que la revolución demandaba mucho tiempo. Si ella tiene una queja puede ser esa, no más.

—Hay rumores dentro del Frente Sandinista de ciertos comportamientos no apropiados del comandante Ortega...

Rosario Murillo interrumpe al periodista. El felino se crispa, atento a cualquier orden.

—No sabía que el periodismo se basa en rumores y más en tu periódico, tan importante y prestigioso.

—A veces los rumores, si vienen de la política, deben ser escuchados. Nos toca a los periodistas corroborarlos, comprobar su veracidad.

—Pero yo no voy a hablar de rumores.

—Tú, seguramente, has escuchado lo que se dice. Yo mismo he hablado con fuentes del Frente que...

—Si seguís por ahí, la entrevista se terminó. No hablaré de rumores.

—Bien, Rosario. Centrémonos entonces en la relación con el comandante Ortega. ¿Cómo están ahora, después de haber vivido juntos tantas cosas intensas?

—Ahora tenemos una relación tensa, muy difícil. Yo supe desde el día que Daniel formó parte de la Junta de Gobierno, tras el triunfo de la revolución, que nuestra vida cambiaría para siempre. Nuestra relación de pareja, como hombre y mujer, pasaba a otro plano. Fue para mí muy complicado, difícil de aceptar. La mayor parte del tiempo él estaba entregado a su trabajo con vocación de sacerdote y no se daba cuenta de que yo lo necesitaba. Pero nos amamos. Él me quiere, pero sobre todo me necesita. Lo que pasa es que yo decidí encontrarme conmigo misma después de la derrota de la revolución. Quería romper las cadenas impuestas por tanto tiempo, volver a mis raíces. Y sí me he reencontrado, soy yo otra vez. Siempre me preguntaba qué había pasado con aquella joven rebelde, que se entregó a la lucha contra Somoza, que conspiraba, que entregaba su poesía a la causa guerrillera. Y me he dado cuenta de que esa mujer no estaba muerta. Que descansaba dentro de mí y que debía salir de nuevo. Y decidí liberarme, ser feliz. He cambiado hasta mi aspecto, aunque a mucha gente no le gusta, porque no me entiende. Por eso te digo que la gente en este país piensa que estoy loca.

—Tal vez ayude a esa idea ver a Rosario Murillo paseándose descalza en un centro comercial de la capital, como mostraron los diarios hace poco.

—Ja, ja, ja, ja. Sí, tal vez estoy loca.

El felino le hace una señal desde la esquina donde esta agazapado, marca con los dedos de su mano izquierda su reloj. Rosario Murillo le hace un guiño y asiente con la cabeza. El periodista se da cuenta de que el tiempo se ha acabado. Antes de apagar la grabadora, lanza una última pregunta.

—¿Crees que el Frente Sandinista regresará al poder, gobernará de nuevo en Nicaragua?

—Mirá, Nacho, más temprano que tarde lo hará. Escuchá bien lo que te digo: quedate en Nicaragua y verás cómo el Frente recupera el poder. Y esta vez para siempre. Ja, ja, ja.

III

Un terremoto político

"DANIEL ORTEGA ME VIOLÓ"

Zoilamérica Narváez, hijastra del excomandante de la Revolución sandinista, lo acusa de someterla a vejaciones desde que tenía once años, desatando una tormenta en Nicaragua.

IGNACIO OLEIROS
Corresponsal | Managua, 1998

Un verdadero terremoto político ha sacudido a Nicaragua. Zoilamérica Narváez, hijastra del excomandante de la Revolución sandinista, Daniel Ortega, lo ha acusado ante los juzgados de Managua por violación. Narváez ha hecho público un testimonio desgarrador, en el que narra con detalle las supuestas vejaciones a las que la sometió Ortega desde que tenía once años, cuando

133

él aún conspiraba contra la dictadura de Somoza desde su exilio en Costa Rica. Las declaraciones de la joven han cimbrado todo el escenario político en este país centroamericano, aunque el Frente Sandinista ha optado por el silencio. Varios integrantes del partido, consultados por este corresponsal, han decidido no hacer comentarios hasta una reunión partidaria que ha sido programada de urgencia, aunque sin fecha definida. Un día antes de la denuncia de Zoilamérica, su madre, Rosario Murillo, dijo en entrevista con este periódico que su hija era una "desagradecida" y se negó a comentar los rumores que corrían a lo interno del partido sobre supuestos abusos de Ortega, con quien, dijo, mantiene una relación "tensa y difícil".

Narváez afirma en su relato: "Daniel Ortega Saavedra me violó en el año de 1982. No recuerdo con exactitud el día, pero sí los hechos. Fue en mi cuarto, tirada en la alfombra por él mismo, donde no solamente me manoseó, sino que con agresividad y bruscos movimientos me dañó, sentí mucho dolor y un frío intenso. Lloré y sentí náuseas. Todo aquel acto fue forzado, yo no lo deseé nunca, no fue de mi agrado ni consentimiento. Mi voluntad ya había sido vencida por él. El eyaculó sobre mi cuerpo para no correr riesgos de embarazos, y así continuó haciéndolo durante repetidas veces; mi boca, mis piernas y pechos fueron las zonas donde más acostumbró a echar su semen, pese a mi asco y repugnancia. Él ensució mi cuerpo, lo utilizó a como quiso sin importarle lo que yo sintiera o pensara. Lo más importante fue su placer, de mi dolor hizo caso omiso".

No están claras las consecuencias que la denuncia de la joven pueda tener, aunque tras su testimonio no hay duda de que comienza una nueva etapa en la política de Nicaragua. El comandante Ortega ha logrado hacerse con el control del Frente Sandinista después de duras disputas internas que se saldaron con la salida de varios de los integrantes más destacados del partido, entre ellos sus principales intelectuales: los escritores Gioconda Belli, Ernesto Cardenal y Sergio Ramírez, quien fue vicepresidente de Nicaragua durante el gobierno revolucionario. También figuras de la talla de la exguerrillera Dora María Téllez y sus compañeros de lucha Víctor Hugo Tinoco y Hugo Torres, considerados héroes en Nicaragua. Estas disputas comenzaron tras la derrota electoral de 1990, entre un sector que pedía la democratización de ese órgano político, que se convirtiera en un partido moderno, de una izquierda socialdemócrata, y otro que exigía un mayor control, con el uso del aparato sindical como forma de presión frente al nuevo régimen. Es este nuevo grupo el que sin duda tendrá que decidir el futuro de Ortega, su eterno candidato presidencial, de cara a las elecciones que se celebrarán dentro de dos años. Por el momento, el Frente Sandinista ha sufrido una estocada que puede ser mortal.

★ ★ ★

Las luces del salón están apagadas. Es noche de luna llena, una muy clara. Los rayos plateados iluminan los árboles del jardín, la selva que ahora parece un bosque encantado, con las hojas refulgentes movidas por el viento, que simulan hadas juguetonas en plena danza traviesa. Ese viento entra libre al salón desde la terraza y refresca la estancia, iluminada solo con candelas. Están en todos lados: grandes y gruesas colocadas en las esquinas. Pequeñas, en vasos de cristal, hacen una fila dorada en la barra que separa la cocina del salón. Las hay en las repisas y en el librero que ocupa toda una pared. De una de las esquinas del techo cuelgan sirenas y búhos de madera, que cuando se mueven por el viento proyectan sombras tenebrosas. Las velas también están en la mesa de centro, donde esta noche han sido colocadas copas de plata llenas de vino, rojo como la sangre. El muñeco chino viste un kimono escarlata, con la punta de las mangas y el cuello de color negro. Está hecho de seda y satén. En el pecho lleva bordadas en hilo dorado dos flores de loto, mientras que en la espalda tiene una serpiente con plumas enroscada en un sol flameante, en cuyo centro se forma la imagen del yin yang, las dos fuerzas opuestas, la esencia del universo. La misma figura está sobre la mesa, dispuesta sobre una tela de lino negra.

—Vos sos el yin. Lo femenino. La oscuridad y la tierra que da vida. Él es el yang, activo, tu luz, el cielo que desprende la tormenta que permite la vida.

Rosario Murillo calla. Sigue con atención las palabras pronunciadas por esa voz aflautada. Este hombre se ha convertido en fundamental en su vida, a tal punto que, si no lo consulta, teme cometer errores que puedan ser fatales. Cuando Zoilamérica cometió esa estupidez de hacer la denuncia a finales de los noventa, ella lo llamó alarmada. Estaba casi desquiciada, histérica. Había seguido por la televisión todo ese espectáculo nauseabundo, orquestado, estaba segura, por esas mujeres locas, las supuestas feministas que preferirían verla muerta. Ahí estaba su hija, sangre de su sangre, traicionándola. ¡Con esa cara de ingenua! Salía del juzgado escoltada por esas diablas, ocultándose el rostro con las manos, seguida por una jauría de fotógrafos y camarógrafos. Sin decir una palabra. Para qué, si había echado tanta mierda sobre ella en esa denuncia horrenda. ¡Qué ha hecho esa estúpida! Sí, se puso histérica. Ella misma hubiera querido ahorcarla, tomar a Zoilamérica del cuello y apretar hasta arrebatarle la vida que ella le dio. Y luego su discusión con él. Le espetó que todo era su culpa, que era un enfermo, un asqueroso, que les había arruinado la vida. Y él nervioso, acobardado, sin decir una palabra. ¡Maldito Daniel! En ese momento sentía que todo se venía abajo, sus sueños, ambiciones, la larga espera. ¡No podía permitirlo! Por eso buscó al muñeco. Y su respuesta la alivió: "Tranquilízate. Llegó por fin tu momento". Fijaron esta cita justo cuando la luna estuviera llena. Aquí están esta noche. Él le pide que escriba sus deseos y consultas, dobla el papel y lo mete en una caja china laqueada en negro y sobre la caja coloca la imagen de Sai Baba, su gurú. Toma la baraja del tarot, hasta ahora envuelta en un pañuelo de terciopelo púrpura. La mueve sobre la llama de una vela, para purificarla. Rosario Murillo sigue todos los movimientos atenta, el rostro tenso. Él mira el naipe con atención, lo pone en su frente y dice una oración imperceptible. Luego lo baraja varias veces y le pide a ella que con su mano izquierda lo divida en tres partes. Baraja de nuevo y hace la tirada. Sale El Mago. "Es el poder absoluto. Todo está en tus manos", le dice. Aparece luego El Enamorado. "Cuidado", advierte el muñeco. "Esta es una pasión ciega, desbordada, que hay que mantener a raya". El Coche. "Muy bien. Muy bien. Esto es acción, indica que el camino está trazado y estás lista para andarlo". La Fuerza. "Sí, el destino está a tu favor". La Muerte. "¡Ja! Perfecto. Inicia un nuevo ciclo. Una nueva etapa vital". Cinco de espadas al revés. "Esta es una advertencia. Has luchado de forma intensa y apasionada por conseguir tus sueños, el éxito. Y lo conseguirás. Pero también habrá muchos obstáculos. De igual manera puede indicar que no hay una base firme, que ese éxito puede ser efímero".

—¿Qué quiere decir eso? —le pregunta ella, ansiosa.

—Esperá —responde el muñeco—. Todavía falta saber qué nos dice Él.

Las manos delicadas, muy blancas y surcadas de venas que parecen hilos morados, con las uñas pintadas de negro, levantan la tapa de la caja china laqueada. Toma el papel doblado en el interior y se lo lleva a la frente, pálida y lisa. Cierra los ojos. De nuevo un murmullo del que ella no logra captar nada. Luego el papel baja hasta una vela y comienza a arder. El muñeco lo coloca sobre un cenicero de plata. Ahora junta las manos y reza. Cierra de nuevo los ojos. La nota se hace cenizas. "El fuego dice que tu perseverancia tendrá recompensa. Las llamas atizan tu fuerza. Hubo una traición y es tu momento de cobrártela. Sacrificarás lo tuyo, lo nacido de tus entrañas, para alcanzar la fortuna. Él te dirá lo que harás. Pero también te advierte que deberás seguirlo, porque tu camino está lleno de escorpiones dispuestos a ensartarte su ponzoña. Solo Él podrá indicarte quiénes son y qué hacer con ellos". El muñeco no abre los ojos. Continúa. "Vestirán de blanco, vos y Daniel, porque el blanco es la Luz que protege. A partir de esta noche comienza una nueva vida, es tu bautizo, has entregado lo sagrado para que Él te guíe. Cada obstáculo será vencido gracias a Su energía. Lo consultarás solo a Él y no habrá errores". Abre los ojos. Se levanta del asiento y se retira del salón. Ella queda sola y tiembla. Siente la boca reseca y también le duele la cabeza. Cuando el muñeco regresa, ve que trae algo en la mano.

—Tomá, ponételo.

Le extiende a Rosario Murillo una bolsa roja de terciopelo. Saca de ella un collar pesado. Tiene piedras de colores amarillo, verde y azul turquesa. Del collar prende un enorme broche en forma de estrella, labrado en oro e incrustado de piedras. Ella se lo cuelga del cuello.

—Es tu talismán sagrado —le dice él. Se sienta. Toma las copas y le entrega una a ella—. Ahora bebamos —ordena—. Felicidades por tu nueva vida.

IV

De nuevo el exilio

Ha hecho las maletas con lentitud. Dos valijas en las que ha acomodado parte de su vida. Zoilamérica está sentada en el borde de la cama, el equipaje dispuesto en la entrada de la habitación. Por la ventana que está frente a la cama irrumpe mucha luz y el ruido de los pájaros posados en las ramas de los árboles del jardín. No lo puede creer, de nuevo al exilio. Ve los armarios medio vacíos. Sí, el exilio. Y de nuevo por culpa de su madre. Esa mañana no se percató de la camioneta Mercedes Benz negra que se estacionaba frente a su porche. Hablaba por teléfono con su abogada, analizaban juntas los pasos a seguir ahora que había tomado la decisión de hacer la denuncia. Ella y Alejandro son las únicas personas con las que habla. Ese periodista español impertinente no ha parado de llamarla, de pedirle entrevistas, pero no puede atenderlo. Llegó incluso a tocarle la puerta, lo vio desde la ventana del salón y se quedó callada, sin hacer ruido, para que creyera que no había nadie en casa. Le dejó una nota debajo de la puerta: "Hola, Zoilamérica. Espero que vaya todo bien. Soy Ignacio Oleiros, periodista español. Te he llamado varias veces, pero no he podido contactar contigo. Por eso decidí venir a tu casa, sin suerte. Te escribo porque me gustaría entrevistarte. Quiero conversar contigo para conocer más detalles de tu denuncia contra el comandante Ortega. Ojalá puedas hacer tiempo para vernos. Volveré a visitarte. Saludos. Nacho". Le ha dejado escrita una respuesta y la orden a Carmen, la trabajadora doméstica, que la entregue si él vuelve a buscarla. "Hola, Ignacio. Gracias por su interés. Por razones que omito mencionar, por ahora preferiría no conversar al respecto del tema al que alude. Gracias". Cuando esa mañana colgó la llamada con su abogada, vio que el sobre seguía en la mesilla de la entrada, con el nombre del periodista escrito con su letra. Y sonó el timbre. No, no se percató de que la camioneta negra se había estacionado frente a su porche. Carmen había salido a hacer la compra, por lo que ella tuvo que abrir la puerta. No pudo contener su sorpresa.

Raúl le sonreía en el portal. Sus dientes perfectos le parecían colmillos a punto de despedazarla. "Hola, Zoilamérica", le dijo sonriendo, sin quitarse sus gafas Ray Ban hexagonales, de marco dorado, muy oscuras, que le daban un aire de miembro de la mafia. Llevaba una camisa amarilla bien planchada, aunque bastante ajustada. Le marcaba los músculos de los brazos y el pecho ancho, pero también la barriga que ahora le había salido en ese cuerpo antes bien formado, seña impertinente que delata el pasar de los años. Aún recuerda cuando su madre lo llevó a la casa. Ella ya estaba recluida en el hogar de las trabajadoras domésticas, que no paraban de cuchichear sobre lo guapo que era el nuevo amigo de su mamá, alto, moreno, con sonrisa pícara, felina. Les guiñaba el ojo, el muy rufián. Se convirtió en inseparable de su madre, estaba todo el día a su lado, en la casa, en su oficina del Instituto de Cultura, la seguía a sus consultas con el Japonés, bebía con ella en las noches de La Luna, él en el centro de la comparsa de artistas que siempre la galanteaban. Y ahora aquí lo tenía enfrente por primera vez. "¿Me dejás pasar?", le dijo. "¿Qué querés?", le preguntó ella. "Vengo de parte de tu mama. Tengo algo importante que decirte". Raúl entró al salón, sin esperar su invitación. "Tu mama dará una conferencia muy trascendental", dijo el felino mientras se paseaba por la estancia, sin quitarse las gafas de sol. "Rodeada de tus hermanos", agregó Raúl, que mientras recorría la sala pensaba que Zoilamérica estaba loca, todo ese drama para dejar El Carmen, esa mansión que a él le encantaba, para vivir en esta casa. Es cierto que no estaba mal, el barrio era muy bueno, mucho mejor que el departamento en el que él vivía antes de conocer a Rosario, un cuchitril arrimado en una barriada de las afueras de la ciudad. "Y tenés dos opciones". El felino se sentó en un sillón frente a ella. "O corroborás lo que tu madre dirá en esa conferencia, que en resumen es que mentís, y hacés las paces con ella, se reconcilian, y dejamos esta vaina atrás…", Raúl hace una pausa y ve cómo se enrojece el rostro de Zoilamérica. "Sabés que tu madre puede declararte loca, Zoilamérica. Y basta un par de favores para que terminés en el kilómetro cinco. No creo que ese psiquiátrico sea tan cómodo como tu casa. Y te puede quitar a sus nietos, porque ella sabe qué es lo mejor para ellos".

—¿Cuál es la otra opción? —a Zoilamérica le temblaban los labios.

—Hacés las maletas y te largás pronto sin decirle a nadie —respondió el felino.

—Mi mama me destierra.

—Pensá en tus hijos, en tu ex, en tu futuro —el felino se levantó.

—No me quedo a esperar respuesta —agregó—. Sé que harás lo mejor para vos y tus chavalos. Por cierto, me llevo este sobrecito, no creo que sea prudente mensajearse con periodistas.

Raúl tomó la nota para Ignacio y salió sin cerrar la puerta.

Zoilamérica habló con Alejandro tras la visita del felino. Él le dijo que lo más prudente era salir un tiempo de Nicaragua, que se fuera a San José, donde tenían amigos. Él se encargaría de llevar a los niños, sus hijos, tan pequeños. No podía ni pensar que su madre cumpliera su amenaza de quitárselos. Se volvería loca. Por el momento él los cuidaba, como habían acordado los días previos a la denuncia. Ella lo había dejado todo arreglado, también en su trabajo, la organización que irónicamente había creado para defender derechos humanos. Se distanciaba de ella y dejaba todo a cargo de sus compañeros, que la arroparon. Mira las maletas y tiene ganas de llorar. Sí, de nuevo el exilio. Otra vez por culpa de su madre.

V

La bendición
de la mano de Fátima

Ignacio Oleiros se quedó sorprendido cuando entró a El Carmen, ese enorme complejo que es mítico entre los periodistas de Managua. Sus colegas le habían contado muchas veces, entre tragos de ron, que la mansión había pertenecido a un oligarca somocista, que Ortega la había confiscado y que desde la revolución se había convertido en el centro del poder en Nicaragua. Las decisiones importantes se tomaban ahí, independientemente de quién gobernara. Pero ellos nunca habían entrado. No sabían cómo era. Y ahora toda la prensa de la capital está ahí, boquiabierta, a la espera de que Rosario Murillo se presente para dar una conferencia de prensa a la que fueron citados desde el día anterior. A Oleiros no le sorprende tanto el tamaño del complejo, ni lo laberíntico que es, ni la cantidad de hombres armados que lo resguardan.

Le ha llamado la atención la decoración. Enormes ramos de flores llenan la estancia. Todo tipo de flores, de todos los colores. Él ha podido identificar geranios, hortensias, margaritas, jazmines, hasta girasoles, pero otras muchas se le escapan, tan limitado es su conocimiento de la botánica. Las flores brotan de recipientes de mimbre colocados en las esquinas, de macetas de barro regadas por el piso, de formidables floreros coloridos dispuestos en las repisas de las paredes. Hay una enorme mesa instalada en el centro de la habitación y sobre ella también hay flores, en ramos, trenzadas, en vasos de cristal, en collares. Parece que Murillo ha vaciado todas las florerías y mercados de Managua. Oleiros recorre con la vista la sala. Ve en la pared de la izquierda un enorme retrato de Sai Baba. El gurú lleva una túnica naranja, el cabello espeso, oscuro y espinado le cae hasta los hombros. Tiene levantadas las manos hacia el cielo y está sentado en un sillón forrado con terciopelo rojo. Detrás de él también hay flores, enormes ramilletes como los que inundan este salón. Debajo de la imagen, sobre una mesa, hay una figura de madera de Sandino y un busto de Darío, el poeta al que idolatran todos en este país. "Aquí

150

todos son poetas hasta que se demuestre lo contrario", le dijo riendo Miguel, su pareja nicaragüense, también periodista, una noche mientras cenaban. Sin embargo, lo que más atrae la atención de Oleiros es la pared que se levanta detrás de la enorme mesa donde Murillo dará sus declaraciones. El muro está pintado de rojo sangre y en el centro han dibujado una enorme serpiente emplumada pintada también de rojo sangre y azul. La serpiente forma un círculo y en el centro hay una mano gigante, regordeta, con los dedos pintados de rosa, verde, azul, amarillo, naranja. En el centro de la mano hay una especie de triángulo y en su corazón un círculo muy rojo, intenso. Oleiros no puede separar la vista de esa pared. "Alucinante", piensa. "Si Miguel estuviera aquí se descojona". Lo saca de su contemplación la entrada de Rosario Murillo. Clic, clic, clic, suenan las cámaras de los fotógrafos, que han corrido hasta el borde de la mesa para captar la mejor imagen de la mujer de Ortega. Va escoltada por Raúl y la siguen sus ocho hijos, el mayor ya adulto, luego los adolescentes, de aspecto desgarbado, y los más pequeños, nerviosos. Ella lleva el cabello rizado, los labios pintados de carmín. Viste enteramente de blanco, con blusa de encaje de mangas cortas y una falda larga, de lino. Muestra unos enormes pendientes de piedras color turquesa y el cuello poblado de collares, también de muchas piedras, pero entre todos sobresale el del broche en forma de estrella, labrado en oro, que le regaló su consejero. Los dedos también están llenos de anillos. Oleiros intenta contar cuántos, pero lo interrumpe la sorpresiva entrada de Daniel Ortega a la sala. Los periodistas enloquecen, un enorme grito de sorpresa inunda el local. Ortega se sienta a la derecha de Murillo. Ella habla. Él permanece silencioso.

—Buenas tardes, compañeros; buenas tardes, compañeras —dice—. Los hemos citado esta mañana para hablar sobre los desafortunados hechos ocurridos en días recientes. Primero quiero pedirles respeto para mi familia, para mis hijos, que deben soportar este momento traumático. Respeto a nuestra vida privada. No es fácil estar hoy aquí para pronunciarnos sobre calumnias.

El salón está completamente en silencio. Solo se escucha el clic, clic, clic de las cámaras. Oleiros escruta el rostro de Ortega. Piensa que su cara tiene la misma expresión que muestran las fotos de 1990,

152

cuando aceptó con amargura la derrota electoral. Murillo continúa.

—¿Qué motivos puede tener un ser querido para pretender que se pierda el respeto a un hombre que se ha entregado al pueblo sin claudicaciones? ¿Qué motivos puede tener para intentar destruirlo como símbolo de valores y compromisos que ha ratificado con intachable calidad moral cada día de su vida? —la mujer calla un momento. Sus ojos se han enrojecido. Voltea a ver a sus hijos y toma la mano de Ortega. Dice—: Mi hija está trastornada. Desde pequeña ha sufrido problemas psíquicos. La trataron los mejores especialistas, que le recetaron calmantes y antidepresivos. Toda su adolescencia estuvo sometida a estos medicamentos. Para nosotros era un sufrimiento, una cruz que debíamos cargar, pero buscábamos su bien. Mi hija siempre ha estado perturbada. Y estoy segura de que ha sido manipulada por gente que quiere destruir a Daniel y al Frente Sandinista.

Los murmullos llenan el salón. Murillo calla.

—¿Quiere decir que su hija está loca, doña Rosario? —pregunta una periodista de la televisión.

—Mi hija está trastornada. Ha llevado una vida difícil y ha tenido que lidiar siempre con los medicamentos —responde Murillo—. Y también con sus problemas familiares. Porque su excompañero cometía actos impuros con sus hijos, mis nietos. Por lo que daremos parte a la justicia.

Los periodistas se tropiezan con las preguntas. Uno de ellos grita, para hacerse escuchar por Murillo.

—¿Entonces la denuncia contra el comandante Ortega es falsa? —cuestiona un periodista de *La Prensa*, el principal diario del país.

—No solo es falsa. Son mentiras hechas con saña, con mala intención. Es una conspiración para desprestigiar a Daniel y arruinar al Frente.

—¿Qué medidas tomarán? —sigue el reportero.

—El caso está en manos de la justicia y estamos seguros de que Daniel será sobreseído y su nombre saldrá limpio de esta estrategia de odio.

Más periodistas levantan la mano. Uno pide la reacción de Ortega. Murillo interviene.

—Compañeros, compañeras, al inicio de esta conferencia les pedí respeto a la privacidad de nuestra familia, respeto a mis hijos. Son momentos duros. Esto es todo lo que queríamos expresar como una familia unida, nicaragüense, llena de amor. Gracias, compañeras. Gracias, compañeros.

Oleiros guarda su libreta. Piensa cómo explicará a los lectores de su periódico la locura que ha presenciado. Sale del complejo agobiado, lleno de preguntas. Enciende un cigarro y da una honda calada. El parque frente a El Carmen luce vacío a esta hora del mediodía. Opta por dar un paseo entre los árboles. "Qué locura es esta", piensa. Fuma y analiza lo sucedido. Quiere que se le ocurra un titular, una línea que lo ilumine para escribir. Tira el cigarro a medio fumar en un basurero del parque y camina hasta su carro, estacionado en una esquina cercana al complejo. "Qué cojones ha pasado", se dice mientras enciende la máquina. Llamará a su editor desde casa. "Va a alucinar", piensa.

★ ★ ★

Sr. Ignacio Oleiros
Calle Amazonía #25.
Reparto San Juan
Managua.
En sus manos.

Estimado señor Oleiros:

Somos un grupo de médicos psiquiatras que hemos seguido de cerca su cobertura de lo que ocurre en Nicaragua. Primero queremos expresar nuestro reconocimiento a la forma profesional y ética con la que informa a los lectores de su periódico sobre nuestro país, lamentablemente sumido en hechos que lo lesionan y entorpecen su desarrollo. Y precisamente por eso hemos decidido comunicarnos con usted. Lo consideramos un compromiso con la Patria. Debido a los más recientes acontecimientos que han atraído la atención internacional sobre Nicaragua, queremos comentarle que hemos puesto nuestro saber científico al servicio del país. Vamos al grano: se trata, señor Oleiros, de la señora Rosario Murillo. Después de analizar entrevistas en video, alocuciones en la radio, declaraciones en los periódicos; después de estudiar de forma minuciosa su pasado, su vida, los traumas que ha tenido, como la pérdida de su hijo; después de consultar a personas que la han conocido, gente muy cercana; después de seguir de cerca su comportamiento, forma de hablar, sus acciones y estudiar sus escritos y poemas; y después, también, de hacer una profunda evaluación de nuestras propias notas y comentarios, como profesionales de la psiquiatría podemos decir que la señora Murillo sufre de un severo trastorno que puede ser precisamente una consecuencia de sus traumas. Sabemos que la señora Murillo estuvo un tiempo internada debido a su enfermedad, aunque honestamente nos ha sido difícil hallar más información médica al respecto. No sabemos a qué tipo de tratamientos fue sometida, pero estamos seguros de que su comportamiento actual dista mucho de un comportamiento racional. Y, dada su cercanía a las esferas de poder y su relación con el hombre más poderoso de este país, el comandante Daniel Ortega, y su llamativa influencia sobre él, debemos advertir que la señora Rosario Murillo es un peligro para Nicaragua. Entendemos que esta misiva por sí misma le puede parecer una locura, pero le pedimos que confíe en nosotros, gente respetada en el ámbito científico del país y Centroamérica. Le pedimos, además, una reunión para explicarle con más profundidad nuestras investigaciones y conclusiones, así como para presentarle las pruebas que respaldan nuestro diagnóstico. Adjunto encontrará usted una tarjeta con los datos telefónicos y de correo donde puede contactarnos. La reunión la podemos hacer en uno de nuestros consultorios o en su casa, si usted así lo prefiere. Quedamos atentos a su respuesta.

Gracias por prestar atención a esta misiva.

—No sé quiénes están más locos, si estos médicos o la propia Murillo —Miguel ha leído la carta y la deja sobre la mesa. Toma la taza de café y da un sorbo. Mira con una sonrisa pícara a Oleiros. Es una mañana fresca de sábado. Toman el desayuno en el jardín, bajo una parra que milagrosamente ha crecido sana en este clima tan cálido y húmedo—. ¿Qué harás? —le pregunta.

—No sé, tío. No sé —Oleiros se levanta. Se quita la playera y se da un chapuzón en la piscina en forma de riñón. Luego asoma la cabeza—. No pierdo nada con verlos. A lo mejor les saco algo interesante. Quién sabe. ¿Cómo te suena un libro sobre el comandante y su mujer? Tal vez tenga la bendición de la mano de Fátima —el periodista lanza una carcajada y se sumerge nuevamente en el agua cálida en la mañana tropical.

Última parte

I

"Me duele respirar"

Álvaro Conrado espera ansioso a que su padre salga hacia al trabajo. Tiene un plan y está dispuesto a cumplirlo. Una hora antes, durante el desayuno, y en compañía de la abuela, su papá les había dicho a él y a su hermana que no asistieran a la escuela dada la violencia que se había desatado en la ciudad, pero les prometió que podrían visitarlo en su oficina, situada en una zona considerada segura, usar las computadoras y hacer las tareas pendientes, y que luego regresarían los tres juntos para comer en casa con la abuela. Álvaro había dicho que sí a todo, tan obediente como siempre. Pero cuando su padre se despide de ellos, el chico corre a su habitación, toma el dinero que una semana antes le habían dado como regalo por su cumpleaños número quince, limpia sus enormes y gruesas gafas, las coloca de nuevo en su rostro moreno de rasgos infantiles y sale sigiloso hacia la calle con la idea clara de lo que quiere hacer.

* * *

Nacho Oleiros le da un beso a Miguel. "Vamos, tío, un poco de ánimo", le dice ante la frialdad de su pareja. "No sé si es buena idea que vayan hasta allá", le responde. "Mira las imágenes de la televisión, parece peligroso. Ya no eres un niño, Nacho; el joven reportero intrépido, carajo". "Calla, tío", replica Oleiros, "volveremos pronto". Le acaricia el rostro a Miguel y sale al portal. Ve las veraneras que florecen en un destello de colores rosa, amarillo y blanco bajo el sol tropical y piensa que es un hermoso día, con el azul del cielo a sus anchas y una ligera brisa que disipa el calor. Herrera lo espera ya en la camioneta, la que no ha apagado porque por su peso no puede estar sin el aire acondicionado. "Qué onda", lo saluda. "¿Cómo pinta la cosa?", pregunta Nacho tras darle unas palmadas en la espalda. "Hay disturbios en la UPOLI, pero parece que lo más duro está en las cercanías de la Avenida Universitaria", responde Herrera, con la frente perlada de sudor a pesar del aire acondicionado. "No sé si nos dejarán llegar hasta allá", agrega. "Anda, enciende la radio", le pide Nacho. "Y salgamos de aquí, a ver hasta dónde llegamos". "¡Vámooooonooooos!", grita Herrera y avanza sobre las calles desiertas de ese barrio de clase alta, donde la vida sigue sin inmutarse, a solo unas manzanas de donde, a esa hora, el muñeco de porcelana recibe la consulta por teléfono de su confidente.

★ ★ ★

—¡¿Qué es lo que quieren!? —vocifera ella al otro lado del auricular—. ¡¿Qué es lo que quieren!?

El hombrecillo está tendido en la *chaise longue* de su terraza. Escucha los gritos de la mujer mientras observa el verdor de su jardín, los colibríes dándose un banquete. Estira el cuello y ve hacia arriba con los ojos cerrados, como en un intento de recibir más de cerca el aire que llega del ventilador que cuelga del techo, sobre él. Ha meditado, hecho su rutina de ejercicios y sus oraciones y se disponía a disfrutar de su té de tilo cuando el teléfono sonó. Sabía que era ella. Y sabía que estaría desequilibrada, abandonada a su rabia. Apagó el fuego, salió de la cocina, encendió el ventilador de la terraza y se acomodó para tomar la llamada.

—¿Qué quieren esos delincuentes? —vuelve a gritar—. ¡Son unas plagas, unos terroristas, diabólicos!

—Debés calmarte. Tenés que centrar tu energía. Esto es un percance que podés superar. Estás protegida. *Ellos* han cumplido con su promesa. El poder es tuyo. ¡El país es tuyo! Y no debés dejarte llevar por tu enojo. Estás colérica —dice el hombrecillo.

—¡Claro que tengo cólera! ¿Por qué protestan? Les hemos dado todo.

—Hay descontento. Ustedes han ido muy lejos. Te he advertido que no podés pasar ciertas líneas. La gente se cansa.

—¿Se cansa? ¡La gente nos quiere! Les hemos dado todo. Esos que están en la calle son unos vandálicos, plagas, delincuentes, vampiros, terroristas, golpistas y diabólicos. ¡No pasarán! ¡Ya te digo yo que esos diabólicos no podrán nunca gobernar Nicaragua!

—Fraudes electorales, persecución a los enemigos, los policías cometiendo vejámenes, represión, confiscaciones, violaciones, tus hijos ostentando tanta riqueza, empresas expropiadas, violencia desde ustedes, el Estado… Te dije que hay límites.

—He hecho todo lo que me dijiste. He cumplido. ¡Ahí están tus ridículos arbolitos de lata! Los he plantado por todo el país. ¿Qué pasa?

—Y *ellos* también han cumplido. Te dieron el poder. Y te lo pueden quitar. El país está en tus manos, que es lo que querías. Él está enfermo y te ha dado mucho espacio, casi todo el espacio a su lado. *Ellos* han cumplido, sí, pero ustedes se han extralimitado. Te lo había advertido —el hombrecillo se seca el sudor del pecho con un pañuelo violeta.

—¿Qué debo hacer? —pregunta Rosario Murillo más calmada.

—¿Ya volvió de Cuba?

—Sigue allá. Nadie lo sabe, claro. No sé qué hacer.

—¿Cómo sigue?

—Los médicos cubanos dicen que Daniel está bien. Otra recaída, pero ya quiero que esté de regreso. ¡Esos miserables incendiarán el país! —Murillo vuelve a gritar.

—Calma. Te advierto que debés tener cuidado con lo que vayás a hacer. Sobre todo, evita respuestas violentas. Busquen una solución. Andá con cuidado. Que no se derrame sangre inocente, porque eso puede revertirse en tu contra. Pediré hoy en mis oraciones, hablaré con *ellos*. Pero no cometas errores de los que te podás arrepentir.

Cuando Murillo colgó el teléfono, el muñeco de porcelana se levantó y se dirigió hasta la cocina. Encendió de nuevo el fuego y esperó a que el agua se calentara. Se sentía ansioso. Tenía malos presentimientos. "Esto no me gusta nada", dijo. Salió al salón y abrió su caja china, donde guardaba sus cartas. Esa mañana haría varias lecturas. Quería entender qué estaba saliendo mal.

★ ★ ★

Álvaro Conrado toma el autobús que lo llevará hasta la Avenida Universitaria, epicentro de las protestas estudiantiles que habían estallado cuatro días antes. El autobús va casi vacío, unas cuantas personas lo acompañan: una mujer con su hija pequeña, un hombre somnoliento, una chica con uniforme colegial y a su lado el que parece su novio, un joven muy flaco y con el rostro lleno de granos. El conductor les ha advertido que no puede llegar a las cercanías de la zona de las universidades por las protestas, por lo que Álvaro Conrado decide que se bajará en la estación que le quede más próxima. Va nervioso. Suda. En su mochila lleva guardado el dinero de su cumpleaños. Dijo que compraría botellas de agua y se las llevaría a los estudiantes atrincherados, como había visto en los noticieros de la noche: la gente repartiendo comida y agua a "los muchachos", como los llaman con cariño maternal. Los estudiantes habían reaccionado a la violencia desatada por el gobierno contra pensionados que exigían poner fin a una reforma de la Seguridad Social: los rostros ensangrentados de ancianos ocuparon las portadas de los diarios y los jóvenes, furiosos, rompieron en protestas. Su furia era una furia contenida por años, más de una década de atropellos de Ortega y su mujer, que habían logrado someter al país entero, imponiendo un Estado de terror. Esos jóvenes habían crecido bajo un gobierno dictatorial, sufriendo cada vez más vejaciones, viendo cómo la familia se enriquecía y cómo sus hijos hacían ostentación de esa riqueza. El estallido de sus abuelos fue el grito para que ellos mismos tomaran las calles exigiendo libertad. Y lo hicieron dentro de las universidades.

El joven baja en una estación a unas manzanas de Catedral, un edificio exótico para los capitalinos, que recuerda una mezquita, con sus cúpulas como senos abiertos al cielo y el campanario al estilo de un minarete, inhiesto, masculino, alzándose sobre la enorme explanada. El joven cruza esa explanada, ardiente por el sol del mediodía, y camina hacia la Avenida Universitaria. Está decepcionado porque no encontró una tienda abierta para comprar las botellas de agua. Pasa al lado de una camioneta blanca, estacionada bajo un árbol que explotó en racimos de flores amarillas, donde ve a dos hombres colocándose cascos y chalecos antibalas con letras blancas en el pecho: "Prensa", lee Álvaro. Se ríe del más gordo de los dos hombres, porque lucha para entrar en el chaleco. "Venga, Herrera, apúrate", escucha decir al más flaco, con acento extranjero.

★ ★ ★

Nacho Oleiros y su fotógrafo no pudieron llegar hasta la Avenida Universitaria. Dieron varias vueltas por la zona cercana, con la esperanza de hallar un hueco por donde meterse, pero se conformaron con estacionarse a un lado de Catedral. Les había sorprendido el despliegue policial en la ciudad, que se hacía más notorio a medida que se acercaban a esa zona. Los antidisturbios cargaban con sus armas y sus escudos, pero lo que más había llamado la atención a Herrera era el gran número de "motorizados" que vagaban por el área, hombres armados, vestidos de civil, que eran los grupos de choque del régimen. "Maje, esto no se ve nada bien", dice Herrera, mientras lucha poniéndose el chaleco antibalas que recién les habían enviado de Madrid con la palabra "Prensa" escrita en letras blancas en el pecho. "Venga, Herrera, apúrate", lo apremia Nacho. "Calma, hombre, que esta mierda me queda ajustada". A su lado pasa un chico moreno, muy flaco, que lleva unas enormes y gruesas gafas. Aparecen en la escena un grupo de jóvenes corriendo que gritan: "Van a tirar un árbol". Todos se echan a correr, Herrera carga sus cámaras, Nacho detrás de él. Llegan hasta una rotonda donde otro grupo de jóvenes lucha por derribar un árbol de la vida. "Madre mía", dice Nacho. "Este puede ser el inicio del fin del régimen". "O algo sangriento", replica Herrera, que ajusta uno de los lentes a una de las cámaras y comienza a tomar fotos.

171

Nacho se acerca a la veintena de jóvenes que pelean con la estructura. Uno de ellos, delgado, sin camisa, trepa por las ramas del árbol. Amarra las cuerdas que lleva con él y luego baja con la misma destreza con la que había subido. Unos cinco chicos lo reciben con abrazos, mientras otros, con pequeñas sierras de carpintero, rompen los tubos de hierro que sostienen la estructura. A su alrededor se ha aglomerado una muchedumbre que los anima y grita: "¡Sí se puede, sí se puede!", "¡Que se caiga!, ¡Que se caiga!". Entonces, uno de los jóvenes que rompía las bases hace una señal con su mano y todos callan. El chico, moreno, alto, musculoso, con el pecho con gotas de sudor por el esfuerzo, grita que el trabajo estaba hecho. Es cuando todos corren a las cuerdas y empiezan a jalar la estructura, que se mueve de un lado a otro y cruje. "¡Que se caiga!, ¡Que se caiga!", grita la masa. Los chicos jalan con más fuerza y el gigante de metal se desploma sobre la avenida con un ronco estremecimiento. La gente estalla en éxtasis, en un estado de jolgorio. Corren hacia la estructura tirada sobre el suelo y saltan sobre ella. Se abrazan, gritan, lloran. Y luego hay silencio y todos juntos, abrazados, cantan: "Ay, Nicaragua, Nicaragüita, la flor más linda de mi querer... Pero ahora que ya sos libre, yo te quiero mucho más...". Nacho Oleiros no puede creer lo que ve. Herrera no para de hacer fotos.

★ ★ ★

Rosario Murillo lanza un grito de dolor. Es como si una daga le penetrara en el pecho y la mano que la empuña embistiera varias veces, con violencia. "¡Chanchos!", grita. "¡Malditos!". Está junto a Raúl en el centro de mando, esa enorme oficina que ella y Ortega habilitaron en El Carmen y donde pasan casi todo el día, atentos a las enormes pantallas que registran casi todos los movimientos de puntos estratégicos de la capital. Es su obsesión, ver lo que pasa, controlarlo todo. Hoy Ortega no está, se recupera en Cuba de la recaída del lupus que su cuerpo ha desarrollado con el paso de los años. Las medicinas lo hacen ver cada vez más viejo, hinchado, con un color amarillento en la piel, como si sufriera de hepatitis. Tuvo esta nueva recaída días antes de que estallaran las protestas y viajó a La Habana,

173

donde sus médicos le dan toda la atención que está a su alcance. Pero hoy Murillo no piensa en la salud de Ortega. Le duele lo que ha presenciado en directo: el derribo de uno de sus árboles de la vida. Está espantada. Los dedos, largos, huesudos, un poco torcidos, le tiemblan entre los anillos pesados. Son treinta y seis anillos en las dos manos, sus preciados amuletos. Raúl, a su lado, también está atónito. Sabe lo que significan para ella esos árboles de metal. Entonces ella se levanta y ordena:

—No vamos a dejar que nos roben la revolución —dice Murillo. Raúl la ve fijamente, con sus ojos felinos.

—Debemos garantizar la presencia inmediata de toda nuestra militancia. Movilízalos a todos en los sesenta y un puntos emblemáticos de la ciudad. Organiza toda la logística requerida. Habla con los secretarios políticos de cada distrito. Que tomen la ciudad. Estaremos en posesión de ella por tiempo indefinido —Murillo hace una pausa. Ve las pantallas. La gente aún está alrededor del árbol caído.

—Vamos con todo —ordena—. No importan las consecuencias. Estos promotores del odio no me van a quitar lo que me pertenece. Son seres mediocres, vampiros que reclaman sangre, almas mezquinas. Si sangre quieren, eso tendrán.

★ ★ ★

Álvaro Conrado se reunió con un grupo de jóvenes que había llegado con víveres hasta la Universidad de Ingeniería para atender a sus compañeros atrincherados. El chico quería ayudar a repartir la comida y las botellas de agua. Va y viene de un punto a otro, cerca del recinto, sudado, cansado, cargando las botellas, cuando el humo de las bombas lacrimógenas lo comienza a envolver. Empezaron a caer en toda la avenida. Ahora se siente mareado, agotado, tiene la garganta reseca y los ojos irritados. Ve con dificultad. Y luego comienzan a caer los disparos. Imperceptibles. Proyectiles que salen de la nada e impactan en las gargantas, el tórax, la cabeza de los jóvenes. Reventándoles sus vidas. Los cuerpos caen uno a uno, con un ruido sordo, sobre el asfalto ardiente. La gente grita, corre despavorida. Los motorizados tiran las barricadas y avanzan sobre sus motos disparando a mansalva. Persiguiendo. Golpeando y matando. Álvaro Conrado corre desesperado. Busca un lugar dónde refugiarse. Ve los cadáveres de los estudiantes, algunos con sus últimos estertores. No sabe qué hacer. Piensa en su padre, con quien debería estar ahora, de regreso a casa, para la comida. No siente el impacto. Se toca la garganta y siente algo pegajoso, la sangre caliente. Cae de rodillas. Un grupo de jóvenes corre hacia él, lo levantan y cargan. Mientras huyen con él, sujetándolo de brazos y piernas, le gritan que no se desmaye. "¿Cómo te llamás?", le preguntan. "Álvaro", apenas alcanza a decir en un susurro. "Hablanos, hablanos. ¿Qué sentís?". "Me duele respirar", responde el muchacho.

* * *

Nacho Oleiros ha presenciado toda la escena. Corre al lado del chico, con su teléfono celular grabando. No sabe dónde está Herrera, se separaron cuando escucharon los primeros disparos. Intenta seguir a los chicos que cargan a Álvaro Conrado, quiere ver dónde lo llevarán en medio de este infierno. Llega a una esquina y un grupo de motorizados lo detienen. "Prensa, prensa", grita Nacho. Uno de ellos lo reconoce y habla por su *walkie talkie*. Luego una turba lo rodea. "Sos el hijueputa periodista que aparece en la tele hablando mierdas", dice uno. "Andate a tu país, maricón", le espeta otro. Entonces un hombre con el casco de moto aún puesto se le acerca por atrás y lo empuja. Nacho Oleiros quiere correr, pero otro lo jala del chaleco. Lo tira al suelo y comienza a golpearlo. Una patada en la cabeza lo deja inconsciente.

II

Todo se derrumbó

Miguel prepara dos copas de *gin tonic*. Echa sobre los cubos de hielo la ginebra de forma generosa, luego el agua tónica y unas piezas de pepino. Sale al jardín. Va descalzo, detrás de él su perro, Gazpacho, a quien acaban de adoptar. Un Beagle viejo, pero aún muy activo. Nacho Oleiros está sentado en la mesa al lado de la piscina. Lleva aún una pequeña gasa en la cabeza, que cubre la herida que le hicieron la tarde cuando lo golpearon. Despertó en la casa de un periodista, aunque no recuerda cómo llegó hasta allí. Le contaron que Herrera lo vio tirado, al lado de algunos cadáveres de jóvenes, y con otros colegas lo levantaron y lo llevaron hasta la camioneta de un fotógrafo de una revista alemana. Cuando los motorizados vieron que lo montaban en la camioneta, los siguieron, intimidándolos con sus armas. El fotógrafo aceleraba, zigzagueaba, para cansar a los de las motos. Entró en una callejuela y dobló a la izquierda, siguió de frente, tomó otro camino, entre barrios pobres que entonces lucían vacíos, la gente encerrada en sus casas. En un momento los motorizados se cansaron y terminaron la persecución. Llegaron a la casa del fotógrafo, bajaron a Nacho y lo acostaron. Herrera llamó al cónsul de España, en un acuerdo que tenía con Nacho por si pasaba algo. El cónsul, hombre pequeño, calvo, de ojos azules y mirada tímida, llegó acompañado de dos carros diplomáticos. Iba también con hombres de la seguridad de la embajada. Montaron a Nacho a uno de los coches, en los cuales cargaban armas, y lo trasladaron al Hospital Español.

"Toma, cariño", le dice Miguel y le entrega la copa. Gazpacho se sube de un salto al regazo de Nacho. "Oye, vos, bajate", le grita Miguel. "No, déjalo, déjalo", dice Nacho. Toma un trago y siente cómo el líquido frío le baja por la garganta. Le sienta bien. La noche es hermosa. Fresca, con la brisa del lago que mueve las ramas de los árboles y la parra encima de ellos. Ha dado uvas. "Un milagro en el trópico", le había dicho Miguel. "Un milagro que no se come. No sirven pa' ná", le dijo Nacho. "Pero es hermoso verlas crecer acá".

180

—Hoy, en la tele, ella ha dicho que sos un peligro para la revolución —le lanza entonces Miguel—. Te dije que no tenías que dar tantas entrevistas en la televisión, que con tus crónicas era suficiente. Y para eso te pagan, no para ser estrella de programas de entrevistas.

—Se refería a toda la prensa extranjera, Miguel —responde Nacho.

—Ha dicho que tu diario publica mentiras, que hace mucho daño a la revolución. No te mencionó, pero es claro que se refiere a vos.

—Le escribí esta tarde. Es un chiste. Lo único que Murillo me respondió fue: "Estamos en contacto, hermano Ignacio" —dijo.

—¿Y para qué le escribes? —pregunta asqueado Miguel.

—Quiero una entrevista con ella —responde su pareja.

—¡Estás loco! Mirá lo que te hicieron —le reprocha Miguel.

—Esto es un caos terrible, Miguel. Nunca imaginé que las cosas terminarían así. ¡En este país que tantas esperanzas dio al mundo! Mujeres perseguidas, presos políticos, estudiantes asesinados, casas asaltadas en la noche, filas en las oficinas de migración para salir huyendo. ¡Miles de exiliados! Jamás pensé que me tocaría contar esta pesadilla —Nacho Oleiros da otro sorbo a su trago. Le duele un poco la cabeza. Espera que el alcohol le mitigue el dolor.

—Y hablan de revolución. Esto es justo lo que intentó combatir, la revolución, otra dictadura —dice Miguel.

Un murciélago pasa como un relámpago encima de ellos, pero muy cerca de sus cabezas. El animal hace un giro y se prende del árbol de mango.

—Se comen todos los mangos —se queja Miguel—. Odio a esos bichos —agrega.

—¿Qué crees que va a pasar? —pregunta Nacho Oleiros—. La gente está aterrada con la represión. Lo que les hicieron a esos chicos es demencial. ¡Cuántos muertos!

—Y vos estarías en esa lista. ¡Te has salvado de milagro! —replica Miguel.

—Vos también sos periodista, Miguel, coño.

—Era. Lo dejé hace unos años. Escribir ahora una columna política no me hace sentirme como periodista. Además, conozco el riesgo. ¡Son unos locos!

—Ella está obsesionada. Lo que no entiendo es por qué cuando Ortega regresó de La Habana no paró esta sangría. ¡Se han cargado a cuatrocientas personas, joder! —replica Nacho.

—Ella sabe que debe defender el poder. Es el sueño de toda su vida. Ortega morirá, más pronto que tarde, y ella lo sustituirá. Además, para él es fácil que la gente le eche la culpa de la matanza a ella, la bruja. Los dos son culpables —responde Miguel.

—No entiendo cómo pudieron llegar a esto. ¡Pobre país! —se lamenta Nacho Oleiros.

Los dos callan y siguen tomando sus tragos en silencio. Suena el celular de Miguel. Es un número desconocido y le inquieta. De la embajada española les han dado indicaciones de estar precavidos. Desde el incidente de Nacho han estado vigilados. Miguel se sorprendió un día saliendo de casa rumbo al supermercado cuando vio que un hombre motorizado lo seguía. Aceleró y el hombre no paró, hasta llegar a un semáforo donde lo alcanzó y sacó un arma y le apuntó. Luego tiró una carcajada y siguió adelante. Desde entonces varios motorizados, hombres con capucha, se mantienen fuera de su casa. Y han recibido llamadas amenazantes, pero esta noche

Miguel contesta. Y mientras conversa su rostro se vuelve pálido.

—¿Qué te pasa, Miguel? —pregunta Nacho.

—Me ha llamado una fuente para decirte que tenés que salir de casa, que esta noche vienen por vos y te pueden apresar, como ya han hecho con otros periodistas —contesta Miguel, nervioso.

—¿Qué dices, tío? ¡Estás loco! —le dice Nacho, levantándose.

—Llama a la embajada, Nacho. Llama.

Nacho se levanta de un salto, nervioso. Saca su teléfono del bolsillo y marca. Habla con el cónsul. Luego de unos minutos cuelga.

—¿Qué te dijo?

—Que haga una maleta rápido. Que tome el pasaporte. Pasará un coche por mí y me llevará a la embajada —dice Nacho, con la voz quebrada.

—Vamos, Nacho, te ayudo. Corré —le espeta Miguel.

—¿Pero qué dices, tío? No te pienso dejar, Miguel.

—A mí no me pasará nada. Estaré bien. Apurate —responde su compañero.

Ambos hombres entran en la casa. Gazpacho los sigue moviendo la cola. Miguel se adelanta y sube las escaleras. Saca una maleta pequeña y comienza a poner en ella algo de ropa. Mientras, Nacho mete su computador y el pasaporte en la mochila; piensa en la palabra "exilio". Miguel llora a su lado.

III

La heredera

Rosario Murillo se ve en el espejo. Mira su rostro demacrado, seco, todo huesos. Se da asco. "Cómo me convertí en esta mujer", dice. "Quién es esta mujer". Se toca el cuello, las arrugas que lo carcomen y que los collares no logran esconder. Se toca los labios, finos, una línea sin carne, mustia. Abre la boca y ve los dientes amarillentos. De tanto fumar, piensa. Cigarro tras cigarro, ansiosa. Mira sus manos, dedos largos, delgados, cada vez más engarrotados. Quiere quitarse los anillos, arrancarse los collares, despellejarse. Ya no es aquella joven que amaba, que soñaba con una vida juntos, que solo quería estar prendida a él. Su mundo cambió por la culpa de ese hombre al que idolatró y que él, está segura, nunca la amó de verdad. Piensa en aquel poema que le escribió de joven.

Pienso que nos venimos muriendo
con estas manos que han perdido los
                    gestos del amor⌋
porque nunca aprendimos a cambiar
                    el agua a los peces⌋
y se nos fueron ahogando los misterios
                    sin que nos diéramos cuenta.⌋
Yo no busco al hombre de las botas altas,
me asustan sus ojos tristes donde ya no
                    quieren florecer heliotropos ni magia.⌋
Yo ya no te busco,
perdí la cuenta de los días que llevaba
                    siguiéndote tras mapas y uniformes sin⌋
                    abecedarios para la ternura.⌋
Todo está en su lugar, solo que yo ya no
                    soy la muchacha de la retratera*.⌋
Una mujer que todavía no existe está a punto
de abordar un tren detenido hace tiempo, lleva⌋
                    espejos y flores.⌋

---

*Según el Diccionario de americanismos de la RAE es un sustantivo
que se emplea en Honduras y Nicaragua, significa: Marco en el que se
coloca una fotografía. En este contexto se puede traducir como que ya no
es la chica que aparece en la foto.

188

"Sí", dice. "Ya no soy aquella muchacha". Busca en los recuerdos para explicarse cómo se convirtió en esto: un ser que la gente desprecia y hasta odia, del que hablan con asco, convertida ella en un despojo. "Lo quería todo y todo lo tengo", piensa. "Pero estoy amargada y ese ha sido el precio que he pagado por mi ambición. Ahora soy solo gritos, busco en el temor de los demás mi fortaleza. Su odio es un fuego que me enciende como hoguera hasta arrasarlo todo porque, si no lo tengo todo, me consumo. Él también es un despojo y lo único que tiene es a mí. Soy su mujer, su sostén, su heredera. Pero ¿qué me ha heredado? El respeto, el miedo que me tienen los demás, depende de que Daniel siga vivo, aunque sea yo quien dé las órdenes. Sé que son capaces de echarse sobre mí como hienas, destrozarme, desmembrarme, no dejar de Rosario Murillo ni el recuerdo. Porque eso harán: me borrarán o me recordarán con el desprecio reservado a los miserables. Pero sigo viva y seguiré viva por mucho tiempo. He creado con paciencia este proyecto, un parto muy doloroso, y no pienso dejarlo, entregarlo a nadie. ¡Ese error no lo cometeré nunca! Muertos los dos, pero lo que construimos deberá seguir.

La purga es necesaria para que algo nuevo surja, hermoso, poderoso. Una vida nueva, pero estos imbéciles no lo entendieron. Había que hacer algo, porque si no todo lo construido se derrumbaría. Él no estaba y yo tomé las riendas, estas que ahora son mías. Sí, hubo sangre. Y si es necesario la habrá otra vez, pero nunca cederé. La Historia. ¡Qué me importa a mí la historia! Yo vivo ahora, de forma intensa. Me dibujan con colmillos de Drácula, con las manos ensangrentadas, regocijada sobre una montaña de cadáveres. ¿Me molesta eso? Son mediocres. Esas vidas no cuentan. Estaban llenas de odio. Pero todo esto me ha hecho amargada. Estoy sola, rodeada de fantasmas que se aparecen con ojos inyectados en sangre. Aunque les grite, no se van. Me acorralan, pero no les tengo miedo. Este es el destino que yo he construido y lo seguiré hasta el final. Y mi descendencia se encargará de que el recuerdo sea justo.

"Sí, ya no soy la muchacha de la retratera. Ya no escribo poemas de amor y de nostalgia. Todo el sufrimiento se ha acumulado dentro de mí, secándome por dentro. ¿Hubiera sido mejor un cáncer? Yo esa piedra la he convertido en fuerza, en poder, para construir lo que esperaba. Escribirán que la mía fue una vida de intrigas, de traición, de odio, de represalias, de destrucción. ¡Qué no dirán! Pero la verdad es que dejaré un legado que perdurará por siglos. No se acordarán de los nombres de esos demonios a los que ahora lloran, pero por mucho tiempo repetirán mi nombre: Rosario Murillo. Y habrá gente que reconocerá mi valía.

"Unos sueñan con verme sentada en un banquillo. A él también. Pero la dueña de la justicia soy yo y la imparto de forma implacable. No entienden que he nacido para vencer y no para ser vencida. Soy la heredera de esto que yo he construido con paciencia, esmero, dolor, humillación y amor. Porque esto también lo he hecho por amor. ¡Podemos ser capaces de todo por amor! Y frente al odio que me profesan y frente a la soledad que me rodea y frente a la amargura que me carcome y frente al ruidoso silencio que me apresa yo sigo viva, erguida, porque este ha sido mi pacto con la vida. No me verán sentada en ningún banquillo. No me verán respondiendo preguntas de ningún juez. Mucho menos frente a un paredón para ser fusilada. ¡Ni colgada como un animal con rabia en una plaza pública! Ni siquiera presa. Las cárceles son mías, los jueces me obedecen, la policía me teme. Terminaré mis días plácidamente, en la cama de una habitación con cortinas blancas y mis hijos se encargarán de hacer unas honras fúnebres hermosas, con poemas y música y flores, muchas flores. Yo, Rosario Murillo, he escrito mi nombre con tinta roja: soy la heredera y la hacedora. Y mi destino ha sido esculpido con fuerza, como una pieza de mármol, para perdurar por siempre. Soy Rosario Murillo, la eternamente leal".

Fin

Ciudad de México,
martes 18 de octubre, 2022

Epílogo
LAS MANOS DE LOS ANILLOS
MANCHADAS DE SANGRE

En la historia de los autoritarismos encontramos parejas tristemente célebres que han compartido el poder, han cometido desmanes y terminado mal. Eva y Perón pueden ser el mejor ejemplo en América Latina y, por los comentarios que en su momento hizo a personas de su círculo más cercano, Rosario Murillo se identificaba con la redentora argentina. Se decía que la invocaba y que era capaz de "hablar" con ella. Murillo se vende como una protectora del pobre, del descamisado, aunque muy a su pesar, porque no tiene ni ha tenido un verdadero interés por los dolores que atormentan a los miserables de la Tierra. Nacida en una familia burguesa, de cuna más o menos cómoda, Murillo ha sido una mujer más bien egoísta, dispuesta desde siempre a cumplir sus ambiciones. También es una mujer rencorosa, que no ha dudado nunca en cobrar lo que considera cuentas pendientes. Se involucró en el movimiento revolucionario, sin duda, harta de las tropelías siniestras de los Somoza, pero también parece haber sido un involucramiento aderezado con un fuerte ingrediente hedonista, porque puede que viera en ese aproximarse a la causa sandinista la posibilidad de una vida diferente, colmada de aventuras, en la que se podría hacer escuchar, crecer como artista y compartir sus anhelos juveniles. Tampoco hay nada de culpa en ello: las revoluciones han sido burguesas en la mayoría de los casos. Lo que queda claro es que el marxismo, en Murillo, parece no haber calado. Y tampoco las teorías que movilizaban a los grupos guerrilleros de Latinoamérica, cándidas ideas de crear un "hombre nuevo", vencer al opresor y aupar al oprimido. La prueba es que con el triunfo de la Revolución sandinista, Murillo se dedicó a vivir una vida disipada, a acumular poder y envenenar el círculo cercano de Ortega, a quien siempre ha considerado una pertenencia. Los pobres nunca fueron una prioridad en su agenda de todopoderosa mujer del comandante que quiso imponerse sobre el mundo de la cultura del país que se levantaba de las ruinas de la dictadura. Fue más bien hasta después de 1998, tras el escándalo creado por Zoilamérica Ortega Murillo al denunciar por violación a su padrastro, que Murillo hace una conversión poco creíble. Transformada en la poderosa mano derecha de un Ortega que casi se va a la ruina por la denuncia de la hijastra —Murillo se puso de su lado, lo salvó y declaró mentirosa y loca a su hija—, ella comenzó a gestar la nueva imagen del caudillo: vestido de blanco, con sonrisa beatífica, que en los mítines bailaba al son de música ska o regué canciones de Bob Marley o los Beatles adaptadas por ella, con letras escritas por ella, sin que quede claro si pagó derechos o siquiera pidió permiso para usar esa música. Asimismo crea sus propios lemas, una palabrería fecunda y vacía salida de sus anhelos poéticos. "Arriba los pobres del mundo", anuncia. Proclama que la propuesta de su marido ahora es "cristiana, socialista y solidaria" y ella misma se ubica en el papel de piadosa, con el rostro contrito, en trance como una Santa Teresa. El problema es que la transformación no es creíble y los descamisados la ven con recelo o se burlan de ella. El papel de Eva la Dadora no le queda, no hay masas proclamando su nombre y sabe que ella es nada sin Ortega, quien mantiene aún a inicios de los 2000 cierto respeto y apoyo de las bases sandinistas.

En el 2007, con el regreso al poder de Ortega —un regreso bastante controvertido, con dosis de fraudes, pactos con el conservadurismo, una parte de la Iglesia, la clase empresarial y políticos corruptos como el expresidente liberal Arnoldo Alemán—, Murillo comienza a cobrar la cara factura que su marido le debía. Dos años antes, en el 2005, había logrado que Ortega la desposara por la Iglesia. Un hecho cargado de simbolismo, un guiño para atraer a los sectores más conservadores de Nicaragua. La fotografía los muestra abrazados. Ella sonriente. Lleva el cabello corto, los párpados pintados de un tono azul como el mar caribeño, los pómulos levemente de rosa y los finos labios de un rojo intenso. En su cuello cuelgan media docena de collares con destellos de colores verdes, turquesa, naranja, púrpura, plateados. Y su vestido verde esmeralda combina con la camisa verde marino de él, su compañero de tantas batallas. Él le besa la mejilla, ella acepta el beso sumisa, con esa sonrisa entre tímida y coqueta. Él la sujeta con fuerza del hombro. Ella se deja proteger. Los había casado el cardenal Miguel Obando y Bravo, otrora archiene-migo de Ortega durante los años revolucionarios. "Daniel y Rosario habían solicitado a su Eminencia no solo renovar sus votos, sino formalmente ben-decirlos, a ellos y a toda su familia, consolidando así, con todas las formalidades de la Iglesia católica, 27 años de vida juntos, en compromiso y fortaleza, como seres humanos, como pareja, como padres y como revolucionarios", informaba un comunicado emitido por ambos tras el matrimonio. Sí, la foto es idílica, pero ese idilio esconde un truco. Ella le ha salvado la vida política. Él le ha entregado un cheque en blanco que ella cobrará a un alto precio. El casamiento por la Iglesia entre Rosario Murillo y Daniel Ortega es solo un pequeño monto cobrado del adeudo del comandante.

El cobro gordo vendría a partir de 2007, cuan-do Murillo se convierte primero en una suerte de poderosa primera ministra, bajo cuyo mando lle-va el día a día de la administración del gobierno: nombra y quita ministros, da órdenes a las alcaldías gobernadas por el Frente Sandinista y se encarga hasta de la política exterior del gobierno, con sus hijos convertidos en asesores de negocios y buscadores de inversiones. Entonces se olvida de Evita Perón. Otra figura nace en ese momento, ansiosa por el poder. Espera que pronto Ortega la nombre su sucesora, pero el comandante se tarda. La llama de manera pública la "eternamente leal", pero Murillo espera impaciente la hora de convertirse en su vicepresidenta y, por lo tanto, cuando el comandante pase a otro plano de vida —una forma que le encanta usar para los muertos—, ella podrá gobernar a sus anchas. En 2018, sin embargo, se atravesó en su camino el hartazgo de los nicaragüenses y las protestas multitudinarias contra su marido y su gobierno autoritario.

Fue, sin duda, un momento terrible para Murillo y sus planes de sucesión. Ella veía en directo cómo su proyecto podría venirse abajo y entonces dio la orden, ese siniestro "Vamos con todo" que inició la peor matanza de la historia reciente de Nicaragua. Recordar aquellos días aciagos aún me causa estremecimientos. Y recordarla a ella en la televisión —descontrolada, rabiosa, herida, desbocada y vengativa— me genera la misma repulsión, pero también la certeza de que esa mujer es capaz de todo. Entonces vienen a mi cabeza otras parejas como la de Nicolae y Elena Ceauşescu, los carniceros de Rumania. Los Ceauşescu crearon en su país un Estado de terror, donde todo estaba controlado por ellos y donde la Primera Científica de la Nación cogobernaba sin compasión. Leo la historia del nefasto desenfreno de esta pareja de locos, su deriva terrible, su megalomanía y delirio de poder y encuentro ciertas similitudes con la pareja tropical que desgarra Nicaragua. Asimismo pienso en el desenlace que les puede aguardar tras acumular tantos odios. No espero un final terrible para ellos como el de los Ceauşescu, fusilados en tiempos navideños, pero sí creo firmemente que ambos deben pagar ante la justicia por sus crímenes. Hay sólidas pruebas de que Ortega y Murillo cometieron crímenes de lesa humanidad en Nicaragua. Están los informes de la ONU, la Comisión Interamericana de Derechos Humanos y de Amnistía Internacional. Pruebas suficientes para que Ortega y Murillo se sienten en el banquillo de una corte internacional. Pero es precisamente a eso a lo que más le teme ella: verse humillada. No lo permitirá y por eso la cacería en contra de los críticos y opositores se ha descontrolado. Mientras escribo estas líneas desde el exilio mexicano, en mi país han sido apresados curas, desterrados otros religiosos, científicos y activistas de derechos humanos; han sido apresados candidatos opositores, estudiantes universitarios y feministas; más de ciento cincuenta mil nicaragüenses han marchado al exilio y se han convertido en la masa humana más grande que ha pedido refugio por el mundo, solo superada por los que huyen de Afganistán, un Estado fallido.

Ortega y Murillo han llegado a un punto de no retorno, han cruzado todas las líneas rojas, y saben que solo pueden apretar más. No dejarán el poder y es difícil predecir cómo será el final de esta pesadilla. Me gustaría saberlo. Pero al menos espero que no sea una tragedia que genere una herida más grande en ese país mancillado, con una historia de sangre, donde todos llevamos abierto en el pecho un hueco que supura. Rosario Murillo me recuerda entonces a Lady Macbeth de Shakespeare, rodeada de fantasmas y viendo sus manos —en el caso de ella, llenas de anillos con piedras que espantan maleficios— manchadas de sangre. Al observarlas grita: "Aún queda olor a sangre. Todos los perfumes de Arabia no darán fragancia a esta mano mía". Rosario Murillo sabe que el bosque de Birnam se acerca. Ojalá que no desate sus peores demonios.

Referencias

Cardenal, Ernesto, *La revolución perdida*. Nicaragua: Anamá Ediciones, 2013.

Denuncia de Zoilamérica Narváez, 1998.

Lacombe, Delphine, "El escándalo Ortega Narváez o la caducidad del 'hombre nuevo': volver a la controversia". México: CIDE.

Medina Sánchez, Fabián, *El preso 198. Un perfil de Daniel Ortega*, Nicaragua: editorial La Prensa, 2018.

Ramírez, Sergio, *Adiós, muchachos*, México: Alfaguara, 2015.

"Rosario Murillo: 'Volvimos a ser lo que éramos'", Entrevista con Antonio Caño, *El País*, 25 de febrero de 1990.

Salinas Maldonado, Carlos, "La mujer del comandante", Revista *Contrapoder*, 26 de febrero de 2016.